KB253294

인생(人生)의 사계(四季)

봄(春) 여름(夏) 가을(秋) 그리고 겨울(冬)

인생(人生)의 사계(四季)

봄(春) 여름(夏) 가을(秋) 그리고 겨울(冬)

김계봉 지음

해피&북스

| 머리말 |

인생의 계절을 따라

가을은 겨울을 준비하기 위하여 나무들의 나뭇잎을 물들이며 한 잎 두 잎 떨어져 나무뿌리의 지표들을 나무 스스로가 덮는다.

가을은 겨울을 준비하기 위하여 나무들의 나뭇잎을 물들일 뿐 아니라, 한 잎 두 잎 떨어뜨려 나무뿌리의 지표들을 나무 스스로가 덮도록 만든다. 그리고 추운 겨울잠을 자면서 겨울을 건강하게 보내고 다시 봄이 되면 꽃을 피운다. 겨울은 생명이 움을 돋아내고 꽃을 피우는 봄을 준비하는 시작인 것이다. 그리고 여름이 되면 산하의 신록을 푸르게 물들이며 또 가을을 맞이한다. 이렇게 자연의 사계는 생명의 끝을 이루는 것이 아니라 순환을 한다. 생명의 순환은 자기 종족 번영이 목적이다.

사람에게도 사계인 봄, 여름, 가을 그리고 겨울이 있다. 일찍이 스위스의 의사인 투르니에(paul Tournier)는 '인생에는 사계가 있다.'고 했다. 태어난 0세부터 20세까지는 봄이고, 20세에서 40세까지는 여름이고, 40세에서 60세까지는 가을이며, 마지막으로 60세에서 80세까지는 겨울이라는 것이 그의 지론이다.

인생은 1080세대에 이르기까지 누구나 자연의 사계처럼 인생의 삶의 계절인 어린시절, 장년시절, 그리고 노년시절을 거쳐 간다. 인생이 자연의 봄, 여름, 가을, 그리고 겨울. 이 사계처럼 자연의 순리대로만 살면 얼마나 좋을까마는 모든 인생사가 그렇지 못한 것이 문제이다. 사람은 누구를 막론하고 찬 서리 내리고 낙엽이 지는 가을을 거쳐 외롭고 쓸쓸한 겨울을 맞기도 한다. 그러나 보다 우리를 더욱 혼란스럽게 만드는 것은 봄, 여름, 가을, 겨울의 사계절처럼 순리를 따라 인생의 사계절은 운행되고 있지 않다는데 있다.

인생의 사계절은 어느 날 갑자기 불행이 찾아드는가 하면, 실패와 좌절로 인생길을 가로 막으며 찾아오기도 한다. 이것들은 빈부귀천을 가리지 않고 또한 우리에게 시도 때도 없이 반갑지 않게 찾아온다.

실패와 좌절의 늪에서 희망이 언덕을 오르는 방법, 눈물과 패배와 죽음의 문턱에서 인생이 성공하는 이야기들로 담겨져 있다.

1080세대의 모든 인생의 계절마다 무엇을 해야하며 어떤 방법으로 살아가야하며 누가 무엇을 어떻게 성공했는지의 이야기들로 채워져 있다. 누구나 이 책을 한 번씩만 읽어보면 남의 이야기들이 나의 이야기이자 곧 삶의 간증들이 될것이다.

이 세상은 다만 자신의 인생의 분복을 다 할 때까지 인생의 계절을 따라 자연스럽게 삶을 잠시 살다가 갈 뿐이다.

목차

제4장 겨울의 인생

봄(春)의 인생(人生)

봄의 인생

유아기와 초등학교 과정인 어린 시절을 가리켜서 우리는 봄의 인생이라고 부른다. 이런 어린 시절의 아이를 키우는 부모라면 내 아이 만큼은 무엇인가 다른 아이보다 뛰어나기를 바란다. 아이들이 자라면서 다른 집의 아이들보다 3-4개월씩 일찍이 걸으면 그 아이의 엄마는 동네 아이들이 모이면 항상 두고두고 자랑거리를 삼는다. 다른 집의 아이들보다 3-4개월 일찍이 걸었다고 훗날 결혼을 해서도 앞에 앉은 며느리에게도 당신의 아들이 어릴 때에도 이랬노라고 자랑을 한다.

그러나 우리 부모님들은 봄의 인생을 통하여 알아두어야 할 것이 있다. 아이가 태어날 때에는 몇 가지 본능적인 것 외에 머릿속에는 아무 것도 들어있지 않다. 아이가 다른 아이보다 늦게 말을 배우게 되면 ' 어, 우리 아이는 왜 다른 아이보다 말배우기가 뒤떨어지지?' 그러면서 정작은 언어 감각이 왜 뒤 떨어지는 줄은 모른다. 그 부모들의 생활 속을 들여다보면 하루 종일 아이와 같이 있으면서도 별 대화를 하지 않는다. 침대나 유모차에 꼼짝 못하게 올려놓고 아이 엄마 혼자서 월간잡지, 비디오, 텔레비전 보기에 바쁘다. 아이는 자라면서 말동무 대상자가 없어서 말을 배우기 위한 기회를 스스로 갖지 못하는 것이다.

아이는 태어날 때 아무 것도 없는 상태에서 태어나기 때문에 누군가가 아이에게 말을 해줘야 한다. 그래야 아이는 그 말을 듣고 언어 학습능력이 발달한다. 여기서 말이란 아이와 눈을 맞추어 주면서 아이의 마음과 생각에 무엇인가를 자꾸 심어주는 것을 의미한다. 엄마가 같은 단어를 2000번 이상씩 반복되게 말을 해 줄때에 아이에게는 그 말이 뇌의 시상하부 언어신경중추에 저장이 되어 필요할 때마다 그 용어를 다시 기억하여 사용을 한다.

대부분의 아이들은 천재적인 재능들을 지니고 태어나는 줄 안다. 에디슨은 '사람은 1%의 영감이요 99%가 노력으로 이룬다.' 고 했다. 이 말은 천재의 능력은 자기 스스로 태어나는 것이 아니라 만들어진다는 것이다.

놀이를 통하여서 학습을 하고 학습놀이를 통하여서 삶을 배우며 깨닫는다. 이처럼 유치원에서의 영 삼 세의 모든 교육은 학습놀이다. 먹지 않고 자지 않고 놀지 않고 크는 아이는 없다. 아이들의 생활 대부분이 잠과 놀이다. 잠은 생활의 정지가 아니라 잠을 통하여 에너지를 만들어내고 잠이라는 쉼을 통하여 다음 날의 일을 준비하는 것이다. 결론적으로 미래의 훌륭한 아이로 키우려면 삼락(三樂) 속에서 키워야 한다.

1. 생명의 출발인 빛

모든 생명은 종(種)의 번식을 위하여 에너지와 조직 그리고 원료를 필요로 한다. 그것은 모든 생물은 생명의 유지를 위하여 운동하고, 회복하고, 성장하기 위해 자기의 생존을 유지하는 내적인 과정에서도, 조직과 에너지를 쓰고 있기 때문이다. 우선 동물인가 식물인가에 따라 그 원료를 구하는 곳이나 방법이 다르기도 하다.

1. 모든 생명들은 빛을 통하여 에너지를 얻는다.

대개의 식물은 무기물인 흙이나 생물에 의존하고 있으며 흙과 공기 중에서 화학물질을 추출하여 햇빛의 도움을 빌어 에너지를 만들어 낸다. 동물은 이러한 과정을 취할 수 없다. 먹을 수 있는 식물이나 다른 동물 등 이른바 기성식품을 먹어야 한다. 동물에게는 식품이 에너지와 조직의 근원이다. 식품 중에서 이미 합성돼 있는 화합물질인 비타민, 포도당 과당 등을 자기가 필요한 화학물질인 칼슘, 인, 나트륨으로 전환을 시킨다. 그래서 식물에 의한 원료합성에서 에너지 전환의 연쇄가 시작되어지는 것이다. 예를 들어, 칼슘은 우유, 치즈, 생선, 푸른 야채를 먹으므로 그 속에 있는 우리 몸에 필요한 화학물질인 칼슘 등을 섭취한다. 이러한 화학물질은 무기질 성분으로 뼈를 만들고 근육을 움직이게 하고 혈액을 응고 시키는데 각각 필요하다. 이러한 물질을 공급받고 공급을 하는데는 에너지가 필요하다. 이 에너지 즉 힘은 동물은 식품을 통하여 식물은 무기물인 비나 흙을 통하여 얻는다.

모든 식물들은 아름다운 푸른색의 잎을 지니고 있다 이 잎의 아름다운 푸른색인 엽록소는 엽록체 속에 들어 있는데 이러한 잎들은 잎 속에 들어 있는 엽록체가 뿌리에서 빨아올린 수분과, 공기 중의 이산화탄소를 원료로 해서 태양의 빛 에너지 대사를 가지고 녹말을 만든다. 이 녹말이 바로 식물이 살아가는데 필요한 에너지가 되는 것이다.

녹색식물의 이와 같은 작용을 식물학에서는 광합성이라고 하며, 이 광합성에 의해서 생긴 것이 녹말이다. 이 때 필요가 없게 된 찌꺼기로서 산소가 버려지게 되는 것이다. 식물의 탄소동화작용을 통하여 버려진 산소를 사람들은 절대 필요로 하고 있다 이 산소가 있어야 사람들은 숨을 쉬는 호흡 작용을 한다. 그리고 신선한 공기를 만들어 낸다.

식물의 대사를 위하여 녹말이란 에너지를 필요로 하며 이 녹말은, 식물이 살아가기 위해서 제 몸에서 만든 에너지의 바탕이 되기 때문이다. 이 녹말은 태양의 빛 에너지를 바탕으로 한 것이기 때문에, 결국 식물은 태양의 에너지 빛이 없으면 살 수 없는 것이다.

이렇게 생각해 보면 동물은 식물을 먹고 살기 때문에 사람을 포함한 지구상의 모든 생물은 태양의 빛 에너지를 살아가는데 필요한 절대 힘의 근원으로 삼고 있다는 것이다.

그래서 하나님은 창세기 1장 3절에 "태초에 하나님이 가라사대 빛이 있으라 하시매 빛이 있었고" 말씀하신 것처럼 이 세상의 창조의 시작이 빛으로 시작된 이유가 여기에 있었다. 그래서 하나님은 이 지구의 생명의 출발의 힘으로 빛을 창조하셨던 것이다.

2. 모든 생명의 빛은 에너지 힘의 대사(代謝)운동을 일으킨다.

태양에서의 에너지는 지구의 대기층으로 1초간에 2000조 칼로리의 비율로 태양 에너지를 쏟아 낸다. 그 중 적어도 30%는 반사되고 20%는 대기에 흡수된다. 나머지 50% 또는 그 이하의 에너지는 평균 1일 30평방센티 당 100칼로리의 비율로 지표 위에 쏟아낸다.

이렇게 지표에 도달한 에너지의 71%는 물의 표면을 쬐고, 20%는 토지의 표면을 쬔다. 산림이나 미개척지도 토지에 포함이 된다. 인간의 식품연쇄에 관계하는 태양에너지는 경작지나 목초지 등의 토지에 생명의 빛을 쏟아 준다. 푸른 식물이나 해초를 쬐는 것은 태양 광선의 3%에 불과하다. 곡물, 풀, 근(根)채소류, 야채, 과일도 식물에 포함이 된다.

식물은 자기가 받아들인 에너지의 1%를 화학에너지로 바꾼다. 그 중 얼만가는 자기 속에 저장한다. 식품연쇄에 있어, 식물은 먹이가 되고, 저장돼 있던 에너지 중 10%가 그것을 먹은 동물이 먹으므로 먹이 속에 저절로 저장이 된다. 마찬가지로 그 동물이 또 먹이가 되었을 때는 그 저장돼 있던 에너지의 10%가, 먹은 동물에 저장이 된다. 이와 같이 서로의 먹이 사슬이 되어 서로의 먹이가 되어 서로의 생명을 지켜 가게 된다

인간의 에너지원인 먹이 연쇄원료는 곡물류, 가축, 뿌리(根)채소류, 야채과실, 유지, 사탕이나 물고기의 형으로 우리들 곁에 가까이 있는 것들이다. 그러므로 생명의 출발은 하나님이 태초에 최초로 만드신 빛으로 시작되었다.

3. 생명은 서로의 먹이 사슬을 통하여 서로의 생명을 보존한다.

캘리포니아 대학의 하딘 교수는 생명의 먹이사슬에 관해 구체적인 예를 들고 있다. 실 예는 곤충의 생존 경쟁에서도 볼 수가 있다. 매는 뱀을 잡아먹는다. 뱀은 개구리를 잡아먹는다. 개구리는 사마귀를 먹는다. 사마귀는 방아깨비를 잡아먹는다. 그리고 방아깨비는 참억새 풀을 먹는다. 결국 먹이사슬에 의해 참억새틀은 매가 먹는 격이 된다. 이렇게 생명은 또 다른 생명을 위하여 죽고 또 다른 생명을 잉태시킨다.

약한 것은 먹히고 강한 자는 그 약한 것을 잡아먹는다. 그래서 세상에는 강한 자만이 살아 남아 세상을 지배하며 통치한다.

2. 태교(胎敎)

　19세기 초 만하더라도 엄마의 뱃속에 있는 태아를 교육 한다는 것은 생각도 못했던 일들이다. 1940년경이 되어 유럽의 연구가들에 의하여 태내에 있는 아기에도 엄마의 삶과 교육이 밀접한 관계가 있다하여 태교 교육론이 본격적으로 일게 되었다.

　한국에는 1960년경부터 의료기술의 발달로 인해 초음파 등으로 산모의 뱃속에 있는 아기를 볼 수 있게 되고 아기의 소리도 들을 수 있게 되면서 태교교육은 금세기의 짧은 기간 동안에 놀라운 발전을 하게 되었다.

1. 태교(胎敎)란?

　태내교육, 태아교육의 준말로 태아가 엄마의 뱃속에서 엄마를 통해 받는 교육이라고 할 수 있다. 이 교육은 학습을 통해하는 지식 교육이라기보다는 주위환경에 의해 정신적, 육체적 그리고 심리적 변화를 받아 형성이 되는 성격과 재능이라는 풍부한 미래의 가능성을 이끌어 내는 교육이라고 할 수 있다.

옛말에 '뱃속에서의 열 달 가르침은 스승의 십 년 가르침보다 낮고, 엄마가 뱃속에서 열 달을 가르치는 것이 아버지가 부부 교합 때 하룻밤을 바르게 함만 못하다.' 라는 말이 있다.

그 만큼 부모로서 또는 부부로서의 서로의 관계가 태교 교육에 얼마나 중요한 영향을 미치는지를 말해 주는 대목이다. 태아가 태내에서 생명이 시작될 때에는 한 생명의 개체를 배아라 한다. 이 배아는 하나의 작은 세포에 불과하지만, 엄마의 뱃속에서 성장을 거듭할수록 태아는 여러 가지의 능력의 싹을 키워가기 때문에 어떠한 주위환경에서 성장했는지에 따라 그가 성인이 되어 가면서 또는 성인이 되어서 온전하고도 성숙한 삶을 남다르게 살 수 있기 때문이다.

또, 전에는 유전에 의해 부모로부터 물려받는 것으로 알고 있었던 선천적인 재능과 소질이 자궁 내 환경에 따라 크게 좌우되는 것으로 밝혀져 태교의 중요성을 더욱 뒷받침하고 있다. 뱃속의 아기에게 가장 좋은 태교를 줄 수 있는 조건이란 엄마의 몸과 정신 건강이 항상 최고의 상태에 있게 하는 것이다.

2. 태아는 엄마의 태(胎)중에서도 세상의 소리를 듣는다.

엄마는 태아가 엄마의 자궁 속에서 정신없이 움직이고 활동하는 것을 태동으로 느낀다. 그리고 태아가 걷는 연습을 하는 것을 엄마는 느낌으로 알 수 가 있다. 자궁 내는 4개월째 마지막에 양수 내에서는 시끄럽다. 물이 소리를 전달하는데 엄마 소화 소리, 먹는 소리, 방귀소리, 심장소리, 혈관소리 등이다. 이는 수영장이나 냇가에서 물 속으로 잠수하여 서로가 거리를 두고 돌이나 도구로 똑똑 두드리면 신기하게도 물 속에서는 소리가 잘 들리는 원리와도 같다.

보통 듣는 소리는 65데시벨인데 태아는 72-85데시벨의 시끄러운 소리를 듣게 된다. 물론 태아는 60데시벨의 엄마 심장 뛰는 소리도 듣는다. 물론 이러한 소리를 구분하기 힘이 들 수도 있으나 백 그라운드 소리로 듣는다. 그리고 엄마의 목소리를 구별한다. 특히 엄마 목소리는 다른 소리와 달라서 84데시벨 정도 된다.

그리고 다른 소리로 구별하게 된다. 특히 태아 청각을 자극하고 발달을 시켜 주기 위하여 아빠의 소리, 엄마의 소리를 반드시 들려주어야 한다. 그러면 태아와 부모 간 유착관계가 더욱 증가가 되기도 한다. 또한 사람의 정서를 발달시키는 음악을 더욱 많이 들려주어야 한다. 그러면 태아는 순수한 음악, 부드러운 음악을 좋아하기 때문이다.

3. 태 중에 있는 태아는 건강하고 감성을 풍부하게 하는 자극법이 필요하다.

태아를 신체적으로 건강하고 행복하게 그리고 감성을 풍부하게 하고 사회적으로 적응을 잘 하게 하기 위하여 자극법이 필요하다. 태아가 약3개월이 지나게 되도 여전히 잘 보지 못하고 잘 듣지도 못하지만 태아도 하나의 인격체 그 자체로 성장한다.

● 우리는 여기서 태 중에서의 태아의 7가지의 중대한 사실을 알아
  야 한다.

① 태아는 자궁에서 엄마의 심장소리, 목소리에 반응한다.

② 출산 6주전 태아는 맛, 자극, 시각, 듣기, 등을 태아 뇌파의 변화에
  따라서 적응하기 시작한다.

③ 출생 후 첫 2시간이 중요하다. 즉 신생아는 다음 1년보다 첫 2시간
  에 엄마와 함께 있고 싶어한다.

④ 태 중에 태교를 잘 하여 놓으면 태어나서 4일째에 웅얼거리는 말
  소리와 얼굴표정을 쉽게 만들 수가 있고 9개월째에는 간단한 단어
  같은 의미를 알게 된다.

⑤ 태어난 신생아는 생물학적으로 사람됨에 대하여 무엇인가를 배우
  고 싶어 한다.

⑥ 신생아가 12개월 전에 뇌가 거의 완성되기 때문에 이 때 직 간접적
  인 뇌 자극이 필요하다.

⑦ 신생아 6개월 때 뇌의 성장이 50% 완성되고 신생아 1세 때 뇌의
  70%가 완성되고 신생아의 감정과 성격이 급격히 발달한다. 특히
  현명한 태아와 신생아는 임신과 첫 신생아 6개월에 결정이 된다.

3. 동물들의 모든 행동에도
   목적이 있다

　동물들은 하등동물과 고등동물로 구분이 된다. 하등동물일수록 본능적인 행동에 의하여서 일생을 살아간다. 고등동물일수록 수명도 길고 주위환경에 적극 대처하면서 살아남기 위하여서는 모든 행동의 목적을 가지고 대처하는 행동을 볼 수 가 있다. 즉, 환경에 대처하려면 어려서부터 배워야 한다는 것이다.

1. 동물들은 서로 어울려 놀면서 서로의 역할관계를 배운다.

　동물들의 공동생활 속에서 놀이 행동은 매우 중요하다. 놀이를 통해서 누가 나보다 힘이 세고 약한지 배우게 된다. 이것을 배우므로 장차 커서 무리 생활을 하는데 자신의 위치를 알게 되고 싸우지도 않고 무리 군(群)속에서 평화스러운 공동생활을 가능케 하는 것이다.

동물들끼리 장난치며 노는 모습이 아무 것도 아닌 것처럼 보일지도 모르나 사실 이런 놀이는 동물들에게는 앞으로 살아가는데 꼭 필요한 것들이다. 놀이를 할 때 보면 동물들은 어떤 목적 없이 이리 뛰고 저리 뛰는 행동을 계속하여 반복한다. 이런 놀이 행동 가운데 가장 흔한 것이 새끼들끼리 하는 싸움놀이다. 서로 물고 뜯고 하는 것 같지만 그것은 진짜 화가 나서 싸우는 것이 아니다. 그저 가볍게 무는 정도로 그치지 결코 피가 나도록 무는 법이 없다. 새끼들은 이런 싸움 놀이를 통해서 아주 중요한 것들을 하나씩 배워 간다.

싸움놀이는 근육을 단련시키는 역할도 하지만 무엇보다도 자기 무리나 가족 안에서 위아래의 서열을 배우는 아주 중요한 역할의 관계를 알게 된다. 자기의 위치를 잘 알아야 앞으로도 아무 탈 없이 그 집단의 한 구성원으로서 활동할 수 있기 때문이다.

늑대나 사자들은 재미있게 놀이를 하다가 어미가 먹이를 사냥해 오면 힘이 센 형제가 제일 먼저 먹을 수가 있고 약한 것은 기다려야만 한다. 만일 이러한 질서가 지켜지지 않는다면 그 동물들은 무리 생활을 하지 못하게 되는 것이다.

2. 동물들도 본능적인 감각을 가지고 있지만 그들끼리의 학습 놀이를 통하여 배운다.

논병아리는 잠수능력이 뛰어나 호수나 저수지에서 수상생활을 하는 새이다. 번식기에는 물위에 터를 정해 놓고 다른 논병아리의 침입을 막는다. 물위의 줄 풀이나 갈대를 이용하여 둥지를 만들고 알을 낳아 품어 새끼를 까게 된다. 이때에 어미는 놀이 속에서 새끼들의 안전교육과 헤엄을 치는 교육을 시킨다. 논병아리 어미는 새끼들을 등에 업고 물위를 헤엄을 쳐 다니다가 갑자기 물 속으로 잠겨든다. 이때 깜짝 놀란 새끼는 자신들도 모르는 반사적인 행동으로 열심히 헤엄치는 방법을 익히게 된다.

어미는 허우적거리는 새끼 앞에 일부러 작은 새끼 물고기를 떨어뜨리고 모르는 체 한다. 이때 물고기가 달아나도 가만히 보고만 있는다. 새끼가 물고기를 잡을 때까지 이러한 훈련을 여러 번 되풀이한다. 이렇게 어미는 새끼가 스스로 먹이를 잡을 수 있는 방법을 익힐 때까지 교육을 시켜 이 세상의 삶을 제 스스로 강하게 살아가게 되는 것이다.

달리기에 명수인 치타도 약 3개월이 지나면 어미를 따라다니며 사냥 기술을 배우기도 한다. 어미 치타가 새끼먹이를 가져다가 주면 그것을 가지고 놀게 하면서 사냥 기술을 익히게 한다. 새끼가 먹이를 가지고 마음껏 놀게 한 다음 사냥 기술이 서툴더라도 제 스스로 잡아먹게 한다. 사냥 기술을 제 스스로 익히지 못한다면 성장하면서 언젠가는 굶어 죽을 수밖에 없기 때문이다. 동물들도 제 스스로의 놀이라는 학습문화를 통하여서 제 스스로의 삶을 배워 가는 것이다.

3. 사람은 생각이나 행동을 통하여서 삶을 만들어 가는 것이다.

동물의 세계에도 본능적인 행동에는 여러 가지 원인들이 작용함을 볼 수 가 있다. 배추흰나비는 자외선 파장에 의하여 본능적인 구애 행동을 하기도 한다. 개나 새, 곤충들도 몸속의 성호르몬에서 분비하는 냄새에 의하여 본능적인 행동을 한다. 사람은 잠자리에서 눈을 뜨는 순간부터 무엇인가를 생각한다. 그리고 그 생각한 것을 마음으로 결심을 하고 본능적으로 행동으로 옮긴다. 그래서 그 사람이 어떤 생각을 하느냐에 따라서 그 사람의 삶이 달라진다.

그래서 잠언서 기자는 마음은 생명의 근원이라고 했다.

하나님은 사람이 태어날 때부터 사람에게 본능적인 4대 욕구를 주셨다. 그것이 수면욕과 성욕과 신을 갈구하는 신앙적 욕구와 식욕이다. 이 모든 욕구들은 생명과 직접적인 관계들이 있는 것들이다. 잠이 부족하면 아무데서나 쪼그리고 졸기도 한다. 사람은 누구나 5-8시간씩 수면을 취하여야 건강을 유지할 수 가 있다. 그리고 사람은 일정한 양의 음식을 먹어서 영양분을 섭취하여야 그 영양분이 에너지가 되어 생명을 건강하게 지켜 나갈 수가 있다.

종족 번식을 위하여서는 성욕의 본능적인 행동이 필요하다. 그리고 크고 작은 일 속에서나 외롭고 고독할 때에 사람이 아닌 신에게 무엇인가를 바라고 소원하고 의지하고픈 신을 향한 본능적 종교 욕구는 누가 가르쳐 주지 아니하여도 인간만이 소원을 욕구하는 본능이 있기 때문이다.

추운 어느 겨울날 한 스님이 빠른 지름길을 택하여 가기 위하여 한 저수지에 살얼음이 살짝 언 얼음 판 위로 걸어가게 되었다. 스님은 조심스럽게 얼음 위를 걸어가는데 얼음이 쨍쨍 금이 가기 시작을 하면서 스님은 관세음보살 나미 아불 타불 불경을 열심히 외운다. 그러다가 살얼음이 와장창 창! 소리가 나면서 얼음이 깨어져 얼음 속에 빠져 버리니 "아이쿠 하느님"하면서 스님도 결국은 부처님을 찾는 것이 아니라 하나님을 찾더라는 것이다. 신을 찾는 본능은 인간만이 가지고 있는 본능이다. 그래서 본능적으로 종국엔 스님도 부처님이 아닌 하나님을 찾는 인간의 속성을 지니게 창조하셨다. 인간만이 가지고 있는 그 본능은 하나님을 향하는 신령한 신앙으로 나타나야 한다.

4. 아버지의 권위

　유태인의 사회는 아버지를 중심으로 한 사회이다. 「탈무드」에서는 부모가 이야기에 등장하면 반드시 아버지가 먼저 등장하며 부모가 둘 다 물이 마시고 싶다고 하면 물은 아버지한테 먼저 가져간다. 그것은 어머니한테 가져가도 어머니는 아버지를 떠받들어야 하기 때문에 결국 물은 어머니 손에서 아버지 손으로 옮겨 간다고 설명이 되고 있다.

　이런 까닭으로 옛날부터 아버지의 권위는 매우 강했다. 지금도 「탈무드」를 가르치는 사람은 아버지이기 때문이다. "아버지"라는 용어는 히브리어로 "교사, 인도하는 사람"라는 뜻이다.

1. 아버지의 권위는 자녀들의 정신적 기둥이 된다.

　아버지의 권위는 아들로서는 마음의 기둥이 되고 있다. 프로이드와 나란히 일컬어지고 있는 오스트리아의 심리학자 앨프레드 애들러도 아버지의 권위 아래에서 잘 배우며 가르침을 배웠기 때문에 그의 인생이 성공할 수가 있었다. 그는 어려서 수학을 너무나 못해서 진급 낙제를 하곤 했다.

선생님은 그의 아버지에게 "앨프레드는 공부를 너무나도 못하고 다른 아이들에게 방해가 되니 학교를 그만두고 구둣방에나 다니게 하시오"하고 기술이나 배우도록 권했다.

그러나 그의 아버지는 완강하게 그 충고를 물리치고 아들을 잘 타일러서 계속 학교에 다니게 했다. 그리고는 학교에서 집으로 돌아오면 열심히 수학공부를 시켰다. 앞에서도 이야기한 것처럼 유태인의 가정에서는 아버지의 권위가 매우 강해서 앨프레드도 그에 따르지 않을 수 없었다. 그러다 보니 그의 수학에 대한 열등의식은 차츰 사라져갔다.

어느 날 선생이 어려운 수학문제를 칠판에 쓰고 학생들에게 풀 수 있느냐고 물었을 때 아이들은 고개만 갸웃거릴 뿐이었다. 그러나 앨프레드만은 할 수 있다고 했다. 반 급우들은 비웃으면서 담임선생님은 열등생이 할 수 있을 턱이 없다고 생각했지만 하여튼 시켜 봤다. 앨프레드는 급우들의 비웃음을 받으며 앞으로 나아가 문제를 풀어냈다. 아버지의 권위는 결국 그의 수학 성적도 학급에서 첫째가 되고 우등생이 되게 만들었다. 그는 훗날 오스트리아에 유명한 심리학자가 되였다

2. 아버지의 권위가 미래의 인간을 만든다.

유대인 어머니는 남편을 지도자로서 존경하고 모든 최종 결정권을 남편에게 맡긴다. 이것을 보는 아이들은 가정 안에서의 아버지에 대한

지위와 존경심에 깊은 신뢰를 갖게 된다. 결국은 이런 것들이 유태인의 가정에 흔들리지 않는 질서를 갖게 하는 힘의 기초가 된다.

아들은 언제나 이상적인 아버지상(像)을 구하면서 정신형성을 이루며 자라난다. 미국의 유태계 작가 아더 밀러의「세일즈 맨의 죽음」에는 이러한 부자관계가 농도 짙게 나타나고 있다.

아버지의 권위가 유태인의 아이들을 정신적으로 지주가 되고 하나의 질서가 바로 선 인간으로 자라게 하는데 중요한 원인이 되고 있는 것은 틀림없는 일이다.

3. 자녀들은 아버지의 좋은 것과 나쁜 것을 함께 흉내 내며 배우며 자라난다.

"배운다."는 말속에는 "흉내 낸다"는 뜻이 담겨져 있다. 흉내 낸다는 것은 아버지를 보고 듣는 그대로 인생을 출발한다는 것이다 그런데 동서양에서는 아들이 아버지의 흉내를 낼만한 일을 별로 하지 않는 다는 것이다. 아버지가 책상 앞에 앉는 모습을 거의 볼 수 없거나, 아버지 전용의 책상이나 책조차도 없는 가장인 아버지가 아이들에게는 공부를 하라고 야단을 치며 성화를 한다. "아무리 공부해라. 공부해라 해도 우리 아이는 통 공부를 하지 않아 속이 상합니다."하면서 투덜거린다. 그 애당초의 원인은 아이들이 어렸을 때에 공부하는 부모를 흉내 낼 부친상(父親像)을 갖게 하지 못했기 때문이라는 것을 우리는 깊이 생각하여 보아야 할 것이다. 이는 부모를 흉내 내며 자녀들은 자라기 때문이다.

4. 자녀는 언제나 이상적인 아버지의 모습을 구하면서 아버지가 된다.

헨리 키신저는 교사출신이었던 아버지 루이가 책을 읽던 모습을 늘 지켜보면서 날마다 흉내를 모방하기 위하여 의자에 걸터앉아 책을 읽는 아버지의 흉내를 내곤 했다. 책장에서 천천히 두꺼운 책을 꺼내서는 이마에 주름을 잡고 페이지를 넘기며 책을 읽는 것이다. 물론 그는 아직 글자를 모르기 때문에 책을 읽을 수 있을 턱이 없다. 그러나 아버지란 책을 읽어야 한다는 관념이 그의 마음속에 뿌리를 깊게 내리고 있어서 하다못해 겉으로나마 아버지 흉내를 내보려고 하는 어린 키신저의 마음이 그러한 행동을 따라 하게 했던 것이다.

아버지의 흉내를 내며 공부를 하는 동안에 어느덧 헨리 키신저는 세계 최고의 권력과 새로운 외교사를 만들어 내는 유태인으로서 처음으로 미국 국무장관의 지위에 오른 헨리 키신저가 된 것이다. 그는 자서전에서 어렸을 때 매 주 아버지와 함께 공부하였다고 썼다.

그의 아버지 루이는 지난 날 독일에서 여자 고등학교의 선생을 한 사람인데, 식구들이 살았던 방 다섯칸의 아파트는 책으로 꽉 매워져 있었다고 한다.

화려한 키신저 외교의 배경에는 20세기 유럽 외교사(外交史)에 대한 그의 깊은 조예가 있다는 정설은 그가 어렸을 때 보아온 아버지의 권위의 모습이 그를 학문으로 몰아세운 계기가 되고 그가 늘 이상으로 바라고 생각하며 구하던 아버지의 그 모습대로의 아버지가 된 것이다.

5. 언어. 감각. 학습 발달 부모가 만든다.

엄마라는 단어를 2,000번 이상 반복해 들을때에
그말이 뇌의 시상하부 언어신경증추에 저장되어 필요할때마다
그 용어를 기억하여 다시 사용한다.
아기와 눈을 마주치매 마음과 생각에 대화를 주고
받아주는 부모가 아이에게는 필요하다.

　아이를 키우는 부모라면 우리 아이가 뭐든지 다른 아이들보다 더 뛰어나기를 바란다. 다른 아이들은 6개월 혹은 1년씩이나 앞서 나가기 시작했는데 우리 아이는 이제 겨우 시작했다는 것도 동네 아주머니들 사이에서 일등의 자랑거리가 된다.

　다른 대부분의 아이들은 11개월이나 12개월에 접어들어서야 걸었는데 우리 아이는 8개월에 걷기 시작했다면 이것은 두고두고 자랑거리가 된다. 심지어 아이가 커서 결혼을 할 때 앞에 앉은 며느리 감에게 시어머니가 내 아들은 어릴 때부터 이랬노라고 자랑하는 얘깃거리가 되기도 한다.

1. 언어 학습 감각 발달 늦은 아이 특별한 이유 있다.

어떤 엄마는 2살 먹은 아들이 아직 '엄마', '아빠', '찌찌', '맘마' 등의 말 밖에 못한다고 하소연하는 엄마가 있다. 이야기인즉 아빠나 자신은 어렸을 때 말을 늦게 배우지 않았는데 자기 아들은 누구를 닮았는지, 언어에 대한 감각이 없는 것 같다고도 한다. 그러나 정작 그 속을 들여다보면 왜 아이가 말을 잘 하지 못하는지 알 수 있다.

그 엄마는 하루 종일 아기와 같이 있으면서도 별 대화를 하지 않는 것이다. 여기에서 말하는 대화란 서로 말을 주고받은 것이 아니라, 아기와 눈을 맞추어 주면서 엄마가 아기에게 무엇인가를 자꾸 마음과 생각을 심어주는 것이다. 하지만 그 엄마는 아기가 어릴 때부터 침대나 유모차 등에 꼼짝 못하게 올려놓고 자기 혼자서 비디오나 텔레비전을 보아왔다. 아이는 두 살 동안 자라나면서 말동무 대상자가 없어서 말을 배우기 위한 기회를 아이 스스로는 갖지 못했던 것이다.

아기가 태어날 때에는 몇 가지 본능적인 행동들 외에는 뇌 속에 아무것도 들어 있지 않은 백지 상태로 이 세상에 나온다. 이 백지 상태의 뇌는 세상에 나온 후부터 서서히 채워져 가기 시작하는 것이다. 이른바 배움(learning)이 시작되는 것이다. 무엇이든지 배우기 위해서는 뭔가의 실마리가 있어야 한다. 아무것도 없는 상태에서 무엇을 근거로 배울 수 있을까? 아기가 말을 배우기 위해서는 누군가가 아기에게 말을 해줘야 한다. 엄마가 아기한테 해주는 말이 그 실마리가 되는 것이다.

아기가 단어 하나를 배우기 위해서는 반복되는 같은 단어를 최소한 2,000번 이상을 들어야 한다고 하는 것은 언어학 과학이 이를 뒷받침

으로 증명해 주고 있다. 이를테면 '엄마' 라는 단어를 입으로 발음하기
까지는 '엄마' 라는 말을 2,000번 이상을 들어야 한다는 것이다. 굳이
2,000번 이상이라는 숫자에 얽매일 필요는 없지만 중요한 것은 그만
큼 많은 횟수를 들어야 한다는 것이다. 만약 아기에게 하루 100마디의
말을 해준다면 하루 10마디의 말을 하는 것보다 10배 빠른 속도로 아
이가 말을 배울 수 있다고 가정할 수가 있다.

　아이들에게 배움의 기회를 제공해야 하는 상황은 비단 말을 배우는
데에만 국한되지 않는다.

2. 통제와 억압 과정 속에 자라난 아이는 창의와 적극성이 부진하여 환경과 미래를 열지 못한다.

　집안을 벗어나서 교외로 나가면 대부분의 부모들은 아이가 흙을 묻
히지 않고 깨끗하게 놀기를 바란다. 따뜻한 봄날이 되어 두 가정이 교
외로 나와 자연을 즐기면서 어른들은 음식을 먹으면서 이야기꽃을 피
우며 가정의 소재로 이야기를 즐기면서 점심을 먹고 있었다.

　아이들은 그 사이에 흙탕물 물웅덩이에 뒹굴러 가면서 물놀이를 하
면서 놀고 있었다. 원래 아이들이 가장 좋아하는 놀이 매체는 물과 모
래이다. 그래서 아이들은 물이나 모래를 보면 사족을 못 쓴다. 맑았던
물도 아이들이 풍덩대며 놀다보니 이미 흙탕물을 튀김으로써 아이는
단순히 즐거움만을 얻는 것이 아니다. 아이의 뇌는 생전 처음 접해보
는 흙탕물의 느낌을 분석하느라고 바쁘다. 아이의 발바닥 밑에 수도
없이 분포되어 있는 여러 감각기들로부터 들어온 정보를 바탕으로 아

이의 뇌는 단단한 마루바닥 위에서 뛸 때와 흙탕물 위에서 뛰는 것에는 무엇인가가 다르다는 것을 깨닫게 된다. 그리고 단단한 바닥에서보다 흙탕물 위에서 몸의 균형을 잡기가 조금 더 어렵다는 것을 경험하게 된다. 이러한 새로운 정보를 받아들이고 분석하고 해석하는 것은 아이의 뇌의 발달로 이어진다.

이것을 우리는 놀이학습 또는 운동학습(learning)이라고 한다. 운동학습으로 인한 어린아이들의 뇌의 발달은 어른들의 그것과는 다르다. 이 놀이 학습으로 아이들의 뇌 세포는 숫자가 점점 늘어난다. 자극을 많이 할수록 자극이 되는 부위의 뇌 세포 숫자는 더 많이 증가되며 머리는 발달된다. 이것을 우리는 운동 발달 학습이라고 한다.

어떤 스포츠를 잘 하기 위해서는 일찍부터 어떤 운동을 시켜야 한다는 주장은 바로 이 때문이다. 대부분의 부모들은 아이가 흙탕물이나 놀이터에서 깨끗하게 물 한 방울 모래 한 알 묻히지 아니하고 얌전한 아이로 놀기를 원한다. 그렇다면 이는 곧 아이들의 이러한 배움 및 발달의 기회를 박탈하는 것이나 마찬가지이다.

이렇게 아이를 길러 놓고 나중에 "너는 누구를 닮아서 운동 신경이 그렇게 둔하니?"라고 면박을 주며 누워서 제 얼굴에 침을 뱉는 어처구니없는 일들이 나와 내 주변의 엄마들 속에서 수도 없이 벌어지고 있다. 자녀는 곧 부모의 모습이고 곧 얼굴이다.

6.어떤 아이가 공부를 잘 하나?

호기심이 많아야 하고 상상력이 풍부하며 집중력이 강하여야 한다. 자기 자신이 하는 일에 자신감을 가져야 하며 공부하는 요령이 잘 발달이 되어 있어야 하며 창의력이나 주어진 일에 열정이 있어야 한다.

미국 흑인의 아버지 아브라함 카아버는 태어나면서부터 이러한 조건들을 잘 갖추고 태어난 아이였다. 죠지 와싱턴 카아버는 지금으로부터 100여년 전 미국의 알라바마주에서 흑인 노예의 아들로 태어났다. 흑인 노예의 아들로 태어났기에 그의 아버지는 아들이 미국의 초대 대통령인 죠지 와싱턴처럼 위대한 인물이 되라고 죠지 와싱턴 카아버라고 이름을 지어 주었다. 카아버는 노예의 아들이었기 때문에 자유도 배움도 없었지만 호기심과 상상력, 집중력은 강했다

1. 죠지 와싱턴 카아버는 호기심과 상상력이 풍부하였다.

소가 어떻게 새끼를 낳는지 궁금하여 소가 새끼를 낳는 모습을 밤새 도록 지켜보기도 했다. 또한 그가 할 수 있는 일이라곤 아버지의 일을 도우며 아침 일찍이 일어나 아버지와 함께 새벽 기도를 하는 것이라고 생각하여 아침 일찍이 아버지를 좇아 새벽기도회를 나가곤 했다. 그는 아침 일찍이 일어나 무릎을 꿇고 자신은 커서 노예를 위한 훌륭한 지도자가 되게 해 달라고 언제나 소원의 기도를 하나님께 드릴 정도로 신앙과 성실이 남다른 열정이 있는 아이로 자라났다.

2. 아버지가 들려주는 성경이야기, 기도와 신앙생활을 통하여 아버지 자신의 근면성. 적극성의 창의력을 키웠다.

노예의 자녀이었기 때문에 학교를 다닐 수가 없어서 집에서 아버지가 읽어주는 성경 말씀을 듣고 알파벳을 익혀 성경을 스스로 읽는 창의성으로 주변 사람을 놀라게 하였다 잠자리에 들기 전에는 아버지와 함께 기도했고 지혜로운 아이로 성장을 하면서 창의력과 학구 열정은 놀라웠다. 카아버는 성장하여 어른이 되었다.

알라바마주의 미국 남부지역은 농업 지역이었다. 주 농사가 목화뿐 이었다. 카아버는 동부지역에서 생산되는 고구마 그리고 땅콩도 재배 할 수 있는 지혜를 달라고 하나님께 기도를 드렸다.

이 때 카아버는 하나님께 이런 기도의 응답을 받았다. "카아버야, 너는 머리를 가졌으니 네가 머리로 직접 알아보라"는 응답이었다. 카아버는 남부에서는 목화 외에는 재배할 수 없다는 통념의 불가능을 깨고 땅콩과 고구마 재배에 성공을 했으며 얼마 후 땅콩과 고구마가 너무 많이 생산되어 카아버는 다시 고민하게 되었다. 산더미처럼 쌓여만 가는 땅콩과 고구마를 어떻게 소비하느냐는 고민이었다.

카아버는 하나님께 나아가 또 묻는 기도를 드려 "네 머리 속에는 하나님이 주신 지혜가 있지 아니하느냐?"는 마음의 응답이었다.

카아버는 연구하기 시작하여 마침내 땅콩에서 300여 가지의 생산품을 개발하여 냈고 고구마를 사용하여 150여 가지의 상품을 역시 개발하여 내므로 많은 사람을 다시 한번 더욱 놀라게 했다.

3. 성경 말씀 속에는 창의력과 지혜, 방법과 원리를 알게 하여 준다.

한번은 상원의회에서 초청을 받아 강연을 하게 되었다. 열연의 강연을 하던 중 어느 한 의원이 질문을 던졌다.

"당신은 어떻게 이 모든 것을 어디에서 배우게 되었습니까?"라는 질문에 대답하기를 "나는 나에게 아주 오래된 책의 비밀이 있지요." 이 이야기를 듣던 의장은 궁금해서 "그 비밀을 간직한 책이 무슨 책입니까?"라고 묻자, 카아버는 조용히 그의 오른쪽 품속에서 성경책을 꺼내 보였다. 의원들은 "그것은 성경책이 아닙니까?"라고 묻는 것이다. 의원들은 "성경책 어느 곳에 이 땅콩에 대하여 말하고 있습니까?"라고 다시 질문하니 그는 "아닙니다. 이 책은 땅콩에 대해서는 말하고 있지 않지만 땅콩을 만드신 하나님에 대해서는 말씀하고 계십니다. 그 땅콩

결국 많은 의회 의원들이 그 업적과 지혜에 탄복하고 놀래어 기립 박수를 연설도중 네 차례나 보냈다고 한다.

지금도 테네시주에 있는 죠지 와싱턴 카아버를 기념하는 터스기연구소에서 만든 카아버의 훌륭한 믿음과 발명의 흔적을 발견할 수가 있는 카이버 기념박물관이 그의 삶을 전해주고 있다.

가난과 불행, 흑인이라는 인종차별도 어려운 환경 그리고 신체적인 장애도 성공에는 결코 장애물이 되지 않는다. 발명왕 에디슨은 귀머거리였고, 나폴레옹의 키는 단신인 159cm였고, 알렉산더 대왕은 그의 얼굴이 흉상이었고, 넬슨은 애꾸눈이었고, 실낙원을 쓴 죤 밀톤은 40대에 소경이 되었고, 씨이저는 간질병 환자였고, 아테네의 유명한 웅변가였던 데모스테네스(Demeshtenes)는 원래 말더듬이었으나 유명한 웅변가가 되었고, 베토벤은 청각 장애자, 그리고 아인슈타인은 스위스 국립대학에 두 번씩이나 입학시험에 떨어졌다가 세 번째 합격하여 입학을 하였다.

꿈을 가지고 어려운 환경을 이겨낸 사람만이 미래를 열어가는 훌륭한 지도자가 될 수가 있다. 베이컨의 말과 같이 사람은 "있어서는 안될 거미와 같은 사람", "있으나마나한 개미와 같은 사람", "꼭 있어야 할 꿀벌과 같은 사람"이 있는데 이 중 "꿀벌과 같은 사람, 즉 사회와 국가 그리고 우리의 이웃이 필요로 하는 미래적인 지도자는 자기 자신과 가정에서부터 시작이 된다.

7. 죽이고 살리는 말(語)

　생각이 말을 만들지만 말 역시 생각을 만들게 한다. 어떤 사람이 나이야가라폭포에 여행을 갔다가 갑자기 목이 말라서 폭포의 물을 마시게 되였다 폭포의 물을 마시고 나서 옆을 보니 'POISON' 즉 '독약' 이라고 적혀 있었다.

　갑자기 배가 아프기 시작하였다. 구급차에 실려 병원에 가서 의사의 진찰을 받았다. 의사는 이상하다는 듯 고개를 꺄웃둥 그렸다. 그리고 의사는 환자에게 아프게 된 연유를 물었다. 의사는 환자의 이야기를 듣고 빙그래 웃으면서 POISON이란 말은 프랑스어로 "낚시금지"라는 뜻입니다. 사람들이 폭포어귀에서 낚시들을 많이 해서 관리소 측에서 프랑스어로 낚시 금지라고 써 붙혀 놓았던 것 같습니다.

　이 이야기를 들은 그는 하나도 아프지 않았다. 독약이 그를 아프게 한 것이 아니라 그를 아프게 한 것도 안 아프게 한 것도 그의 생각이었다.

첫째. 생각이 곧 사람을 죽이고 말이 곧 사람을 살린다

어느 한 젊은 정원사 한 사람이 캐나다로 이민을 와 정원을 가꾸는 일을 하게 되었다. 한번은 부유한 서양인 집에 가서 정원에 나무를 정성껏 심어주고 돌아왔다. 여러 달 지난 후 한 청구서가 정원사의 집으로 날아 왔다. 그 내용인즉 나무가 다 죽었으니 나무 값을 변상하라는 것이었다. 하는 수 없이 그 값을 다 물어주었다.

이 일로 그는 자극을 받아 나무에 대해 부정적인 사람이 되어버렸다. 그래서 모든 나무를 보면 다 죽을 것만 같이 느껴졌다. 자신이 정원을 관리하여 주는 어느 집에 가서 나무를 심어주며 주인에게 다음과 같이 미리 경고를 해 주곤했다. "이 나무는 너무 매말라도 죽고(Too dry die), 너무 물을 많이 주어도 죽고(Too wet die), 너무 바람이 심하게 불어도 죽는다(Too wind die)고" 했다.

여러 달이 지난 어느 날 또 청구서가 날아왔다. 죽은 나무에 대해 변상하라는 것이었다. 그 집을 찾아가 사정을 하였으나 당신이 이 나무들이 이래도 죽고, 저래도 죽는다고 하더니 다 죽었으니 나무 값을 변상하라는 것이었다. 그는 억울했지만 할 수 없이 그 값을 변상해 주었다. 그 후 정원사는 많은 고민을 하게 되었다.

그러던 어느 날 성경을 읽던 중 섬광처럼 스쳐가는 성경말씀이 생각이 났다. "하나님은 죽은 자를 살리시매" 라는 롬4:17절의 말씀을 찾아냈다. 그리고 그는 생각을 바꾸어 나무에 대해 날마다 긍정적인 생각을 가지기 시작했다. 죽은 나무도 이젠 살 것이라고 믿었다.

둘째. 말은 곧 성취력을 가지고 있다

나무를 심어주는 집마다 이젠 전과 다르게 나무가 살 것이라고 긍정적인 말을 선포했다. 그리고 어느 날 또 다른 집에서 나무를 심어주게 되었다. 그는 그 주인에게 "이 나무는 가물어도 살고(Too dry live), 장마에도 살고(Too wet live), 아무리 바람이 불어도 삽니다(Too wind live)"라고 하였다. 여러 달 후 정원 잔디를 깎기 위해 그 집에 갔더니 몇 그루 나무는 살고 많은 나무가 죽어 있었다. 주인에게 "왜 죽은 나무에 대해 손해배상 청구를 하지 않았느냐?"고 물으니 "당신이 어떤 경우에도 이 나무들은 다 산다고 하였는데 내 잘못으로 죽었으니 어찌 손해배상을 청구할 수 있느냐?" 그 후부터 그 정원사는 매사에 긍정적인 사람이 되었다.

셋째. 말은 곧 견인력을 가지고 있다

어떤 젊은 남녀가 열심히 사랑을 하여 결혼을 하게 되었다. 그런데 1년후 이유 없이 이혼을 하게 되었다. 나중에 알고 보니 남자는 기타를 좋아 하였다. 기타를 좋아하다보니 날마다 이별곡을 쳤다. 이별곡은 우리나라에는 13곡이나 되었다. 이 이별곡을 날마다 재미가 있어서 치고 지내다 보니 그 젊은 남녀는 이미 이혼이 되어 있었다. 말은 성취력을 가지고 있다. 노래의 가사는 본인도 모르는 사이에 이혼 남녀의 자기 자신을 만들어 가고 있었다.

탈무드에 말(言)은 말(馬)이되어 인간들의 삶을 이끌고 간다는 말이 있다. 그래서 말이 씨가되고 그 씨는 삶의 열매를 맺는다. 그래서 그 사람을 알려고 하면 그 사람의 언어술을 보면 알 수가 있다. 성공한 인생은 항상 생각도 언어도 미래적이고 긍정적이다.

생각과 언어가 바뀔 때 오늘과 미래가 바꿔진다. 유대인의 속담에 긍정적인 사람은 하나님을 만나고 부정적인 사람은 마귀를 만난다고 하였다. 하나님은 긍정적이시다. 생각과 언어가 항상 희망과 긍정적인 사람은 항상 희망을 가지고 산다. 스위스의 정신의학자 융은 말하기를 생각과 마음이 색깔 안경과도 같다고 했다. 파란색 안경을 끼면 산과 들이 모두 파란 색깔로 보이듯이 "안된다"는 부정적인 생각과 마음은 자신의 삶을 안된다는 절망으로 이끈다. 나는 "할 수 있다"는 생각, 하나님은 죽은 자를 살리신다는 말씀처럼 긍정적인 말은 언제든지 입버릇처럼 토설되어지는 말이어야 한다.

8. 부모는 자녀의 가장
   이상적인 교사이다.

　인생의 성장 단계의 있어서 영세에서 세 살까지의 시기는 일생에 있어 중요한 시기이다. 가장 변화가 심하며, 호기심이 많아지고, 언어 습득과 같은 굉장한 지적 학습이 기초적으로 성장하는 단계이다. 이 때는 아기로부터 아이로 변화하는 시기이다. 특별히 신경을 쓰지 않아도 아기 스스로 걷고, 오르고, 뛰고, 달릴 수 있도록 신체적 성장이 이루어진다.

1. 인생의 결정 0세에서 3세까지가 결정한다.

　의사소통이 가능해져서 언어를 통해서 질문을 하고 장난을 걸어오고 사물의 호기심의 욕구가 솟구칠 때이다. 아이가 스스로 일어서게 되고,

낮은 탁자나 의자에 매달려 비틀거리며 발을 옮기다가 넘어지기도 하면서 결국 스스로 걷는 것을 배우게 되며, 낯설은 환경에서 새로움을 느끼고 무엇이든 알고자 하는 강렬한 관심이 끊임없이 일어나게 된다. 아이는 밀고, 당기고, 오르고, 움켜쥐고, 자그마한 물건들을 들어 올리고 하는 등의 행동이 놀라운 속도로 변화해 간다. 아이의 집중력 시간은 짧지만 아이의 에너지는 아이를 돌보는 성인들의 에너지의 3배 가까이 소모를 한다. 그래서 아이가 한 가지 일에 빠져버리면 아이 스스로 그만 두기 전에 부모들이 먼저 지쳐버리게 되는 경우가 많다.

아이의 성격은 타고난 기질, 유전적 요소, 주위 환경과 부모로부터의 받은 영향 등에 의하여 결정된다. 그래서 세 살은 명백히 인생항로의 결정적 시기이다. 이 시기에는 아이의 가정환경과 부모와의 관계가 특히 중요하다고 유아교육 학자들은 새로운 연구들을 통하여 밝히고 있다. 한 연구에서는 10퍼센트의 가정만이 아이를 최적의 상태로 양육하고 있다고 보고하고 있다. 그 이유는 대부분의 부모들이 생계를 위해 일에 바쁘게 쫓겨 다닌다거나 부모들이 이 시기 아이들의 요구를 잘 알지 못하기 때문이라는 것이다.

2. 자녀의 언어능력 부모 닮는다.

걸음마 시기에 있는 아이의 고집스럽고 끊임없는 호기심에 대한 부모의 반응과, 부모가 아이에게 마련해 주는 학습 환경에 따라 아이의 일생 동안의 지능 수준과 학습 및 새로운 경험이 시작이 된다.

아이가 점점 자라서 3세에서 6세까지 이르면 아이는 말을 배우기에 어휘는 급격히 놀라울 정도로 언어능력이 늘어난다. 그리고 주로 부모의 어휘를 모방을 하려고 한다. 이는 아이가 이 세상에 태어나서 제일 처음으로 대하고 그리고 삶을 통하여 배우게 하여 주는 사람이 부모이기 때문이다. 따라서 부모들의 삶의 자체가 아이의 가르침이 된다. 이는 아이가 보고 배우고 따르기 때문이다.

만일 부모가 정확하게 언어를 구사한다면 아이도 6세쯤 되어서는 정확한 언어를 구사하게 된다. 아이는 어른의 욕설이나 유치한 표현조차도 따라 한다. 혜택 받지 못한 빈곤한 가정에서 자라는 아이의 문제 중 가장 안타까운 것이 바로 모방할 훌륭한 언어적 모델이 없다는 것이다. 부모들은 가정생활 속에서 주고받는 언어를 통하여 아이들이 보고 듣고 배우는 모델이 되기 때문에 부드럽고 아름다운 말을 사용하여야 한다.

물론 어른이 모든 순간마다 국어 교과서처럼 완전한 문장을 구사하여야 한다는 것은 아니다. 그러나 정확한 시제, 대명사, 형용사, 부사 등의 어휘를 사용하는 것이 좋다. 만일 부모가 이러한 예를 보여준다면 아이는 별다른 노력이나 특별한 도움 없이 시제, 복수형, 종속절 등을 어떻게 만드는지 알게 될 것이다. 이렇게 할 수 있는 가장 좋은 때는 아이가 유치원생일 때이다.

아이의 언어능력은 표현능력이 되고 그로 인하여 유머(humor)나 리더쉽이 나타나고 주변의 아이들이 따르기 때문이다. 아이가 알지도 못하는 단어를 사용하는 것에 관하여 걱정할 필요는 없다. 아이는 일단 그러한 단어를 흡수하면서 점차적으로 그 의미를 깨달아 가게 된다. 그러한 과정이 아이가 독자적으로 말하는 것을 배우는 방법이다. 대부분의 어른들과 마찬가지로 아이는 사용하는 단어 수보다 훨씬 많은 것을 알고 있다는 것을 알아야 한다.

3. 아이의 독서는 생각과 마음의 밑거름 즉 자양분이다.

아이들에게 읽기는 언제나 즐거움이어야 한다. 그것은 혼자서 쉬운 책을 충분히 읽을 수 있게 책에 대한 흥미를 유발시키거나 혼자서 충분히 잘 읽을 수 있을 때까지 아이에게 정신적 자양분을 공급하기 위해 읽기를 시킬 필요가 있다.

3세부터 가까운 도서관 열람실을 방문해보는 방법도 아이에게 책을 읽게 해주는 좋은 본보기가 된다. 또래나 어른들이 도서관에서 얼마나 열심히 책을 사랑하고 읽고 있는지를 몸소 체험 할 수 있기 때문이다. 또한 아이가 선물로 받을 책을 직접 선택하도록 하여 그것이 특별한 기쁨이 되도록 한다. 보통 책을 사주려고 할 때도 언제나 아이의 선택을 존중하도록 한다. 아이에게 자신만의 책장 또는 책꽂이를 주는 것 역시 아이의 책에 대한 흥미를 유발시키는 방법이 되기도 한다.

독서는 엄마에게도 역시 즐거운 일이라는 것을 아이가 알도록 해야 한다. 때때로 엄마도 재미로 혹은 지식을 얻기 위하여 책을 읽는다는 것을 아이가 알도록 해야 한다. 가끔 엄마가 책을 먼저 읽고 책에 대한 서평을 먼저 하여주는 것이 부모가 아이에게 아름다운 모습을 보여주는 것이 된다. 텔레비전에서 대부분의 지식과 정보와 즐거움을 얻는 부모를 보고 자라나는 아이는 부모를 닮아 아이는 부모와 똑같이 되어 텔레비전만 보기 좋아 한다. 결코 즐거운 마음으로 독서에 열중할 수 없게 된다는 것을 알아야 할 것이다.

9. 생각이 인생의 삶을 만든다

　시골의 가난한 한 무명작가가 있었다. 나라에 전쟁이 일어나자 용병으로 징집되어 전쟁에 출전하였다가 참패하고 말았다. 또한 패잔병의 신세가 되어 포로마저 되었다. 그리고 그는 전우들과 함께 투옥이 되고 말았다.

　그런데 젊은 작가는 이상하게도 그의 얼굴에 기쁨이 항상 가득했다. 옆에 있던 전우들이 의아하게 생각이 되어 그 젊은 작가에게 그 이유를 물었다.

　"감옥에 갇힌 것이 뭐가 그리 즐거운가?" 젊은 작가는 대답하였다. "이제 나는 아무런 간섭을 받지 않고 글을 쓸 수 있게 되었네. 먹고 마시는 것으로부터 자유롭게 되었으니 어찌 즐겁지 않겠는가!" 젊은 작가는 매일 글을 써서 감옥의 동료들에게 읽어 주었다. 포로수용소의 수감자들은 그의 작품을 들으면서 매우 흔쾌하게 감옥생활을 하였다. 이들은 작가가 들려주는 재미있는 이야기를 들으면서 어둡고 침침한 감옥 속에서 유쾌하게 감옥생활을 마치게 되었다. 젊은 작가도 형량을 마치고 출감을 했을 때에는 이미 한 권의 책을 출간하기에 충분한 분량의 원고가 모아졌다. 결국 이 원고는 한 권의 책으로 출판되어 많은 사람들의 흥미를 불러일으키며 인기를 얻었다.

이 작품의 이름이 그 유명한 '돈키호테'이며 이 작가의 이름은 세르반테스이다. 성공하는 사람은 어려운 환경일지라도 항상 아름다운 생각만 한다. "하면 할 수 있다"는 긍정의 생각을 한다.

그리고 밝은 미래에 대한 꿈을 갖는다. 또한 미래를 위하여 열심히 땀을 흘리며 일을 한다.

1. 별은 어둡고 깜깜한 하늘에서 더욱 빛나고 밝게 보인다.

먹구름이 낀 폭풍우가 지나고 나면 반드시 청명한 날씨와 찬란한 태양이 빛을 비추인다. 깜깜한 한 밤중은 곧 새벽이 다가옴을 말해준다. 새벽은 곧 이어 찬란한 태양을 떠오르게 한다. 이것은 곧 자연의 원리이며 이치이다. 원리나 이치는 하나님이 자연 속에 주신 법이다. 이와 같은 자연의 법을 따르는 방법도 하나님의 세계를 깨닫게 하는 한 방법이기도 하다.

이와 같은 자연의 원리를 떠나 살 수 없음같이 인간도 역시 하나님을 떠나 살수가 없다. 밝은 별을 보려고 하면 낮이 아니라 밤에 보아야 하는 것이다. 하나님은 어두움을 통하여 빛이 밝음을 깨닫게 한다. 시련을 통하여 정금을 만드신다.(욥 23:10) 고난을 통하여 온전케 하시고 굳게 하시며 강하게 하시며 터를 견고케 하신다(벧전5:10).

결국은 시험을 통하여 복을 주신다(신8:16)

2. 생각은 인간의 밝은 미래를 열어준다.

깨닫지 못하는 자는 멸망의 자식이라고 했다. 생각은 옳고 그름을 분별하는 사고력이다. 생각하는 지식은 곧 삶을 만들어 낸다. 생각이 거짓되면 생활도 거짓되게 만들어진다. 괴테는 생각이 아름다우면 행동도 아름답게 만들어 낸다고 했다. "예수를 깊이 생각하라"고 했다.(히3:1) "여호와의 말씀을 주야로 묵상하라"고 했다.(수1:8) 오늘도 내일을 향하여 생각하고 묵상하라. 생각하고 묵상하는 그곳에는 그리스도의 삶이 나타나는 우리들의 밝은 미래를 열어주며 우리들의 행복한 삶을 만들어 준다.

10. 주일학교교육이
인생의 미래를 좌우한다.

　우리는 흔히들 어린 시절의 주일학교 교육을 유치원이나 초등학교 교육만큼 소중하게 생각하지를 않는다. 그러나 교회교육은 그 사람의 가치관이나 또는 인생의 미래관을 정립시켜 준다. 하나님을 올바르게 알고 장래의 인생의 꿈을 신앙 위에 세워준다는 것은 인생의 미래를 하나님의 품안에 붙잡혀 살게 하여주는 방법을 알게 하여 주는 것이기 때문에 소중한 것이다.

　무디의 설교를 들으러 오는 많은 사람 가운데 주일학교 교사 한 사람이 있었다. 하루는 이 교사가 그날 주일학교에 갔다가 아무것도 가르치지 않고 그냥 돌아왔다. 그러자 그 사실을 안 무디가 그 이유를 물었다.

　"오늘 아침에 주일학교에 가보니 아이가 딱 한 명 있었다. 그래서 나는 그 아이를 그냥 돌려보내고 왔다." 라고 대답하는 것이다.

무디는 그의 철저하지 못한 교육정신을 유감스럽게 생각하면서 이렇게 말을 하여 주었다.

"오직 한 명의 아이라고 하지만 그 아이가 장차 루터, 녹스, 웨슬리와 같은 교회의 큰 일꾼이 될 지 모릅니다. 그러므로 한 아이라도 영혼 사랑함에 깊은 관심을 갖고 귀중하게 여겨야 합니다."

1. 하나님을 올바로 알고 바로 섬기게 하는 신앙교육은 모든 인성 교육의 기초가 된다.

미국 오하이오주 교회에 주일학교 교사로 평생 헌신하고 있는 니믹스라는 교사가 있었다, 그는 나이 60세가 넘어 늦게 예수를 영접하고 거듭남의 체험을 하였다. 그래서 그는 은혜 받고 감격하여 무엇인가 교회에서 가르치고 헌신하고 싶었다. 어린 아이들을 가르치는 교사가 되고 싶은 동경심이 마음에서 불타 올랐다

어느 날 목사님을 찾아가 목사님에게 가르칠 수 있게 해 달라고 부탁했다. 목사님은 "아직은 니믹스씨를 위하여 준비되어 있는 가르칠 반이 없다, 당신이 그렇게 교사가 되고 싶으면 한 반을 만들어 가르치시오." 라고 말했다. 그러자 그는 그 즉시 동네 놀이터로 달려갔다. 그리고 맛있는 사탕을 사주면서 어린이 3명을 교회로 인도했다. 그리고 목사님에게 이 어린이들을 교회 주일학교의 한 반으로 인정해 달라고 했다. 그리고 그 노인은 그 어린이 셋을 열심히 잘 가르쳤다. 그리고 그 어린이들의 가장 중요한 시절을 함께 보내면서 성경을 가르치며 인도했다. 오랜 세월이 지난 후 그들은 성장하여 이 마을을 떠나갔지만

그들은 그의 생일 또는 성탄절 때면 축하편지 보내거나 혹은 방문을 하기도 했다.

2. 잘 자란 나무가 재목이 되듯이 훌륭한 교회 교육은 선교사가 되고 대통령의 재목이 된다.

어느덧 많은 세월이 흘렀다. 주일학교 시절의 니믹스에 가르침을 받은 세 아이들인 그들이 지금은 어떠한 사람으로 성장 되어 있겠는가? 한 사람은 찰스 콘웨어로 인도에 유명한 선교사가 되었고, 또 한 사람은 대통령 정치 담당 보좌관이고, 다른 한 사람은 1865-1923의 정치가이며 제 29대 미합중국 대통령 Warren G. Harding이다. 정부 고위 관료, 선교사, 대통령을 만들어 낼 수 있는 곳이 교회교육의 현장이다. 내가 가르친 어린이가 성직자 정치관료 또는 대통령이 될 수도 있다는 사실을 기억하며 최선의 가르침을 다하여야 할 것이다.

3. 교회교육의 중심은 기도와 말씀 그리고 사랑이다.

랠프 M. 스미스는 다음과 같이 회고하였다.

"9살 때에 나는 스프링필드 제1침례교회 주일학교에 다녔다. 주일학교 교장 선생님은 우리 반 교사를 구하는데 무척이나 애를 먹었다. 왜냐하면 우리 반 친구들은 모두 심한 장난꾸러기들이었고, 다루기가 힘들어서 교사가 임명되었다가도 우리들에게 질려 곧 그만두고 마는 것이었다.

어느 날 목사님이 우리 반을 맡으실 선생님 한 분을 소개하셨다. 그분은 별로 교육을 받지도 못하였고, 글도 간신히 읽는 정도였다. 공과 공부를 지도할 때면 그분은 학생들을 한 사람씩 호명하여 성경 구절을 읽게 하고는 그 본문에 대해 말씀해 주셨다. 그렇지만 그 선생님은 하나님의 말씀을 전하는 데 있어 꼭 필요한 조건을 갖추고 계셨다. 바로 사랑이었다. 그분은 우리를 사랑했고, 우리도 또한 선생님을 사랑했다. 언제나 선생님은 우리를 위해 건전한 활동이나 친목을 도모할 수 있는 순서를 준비해 오셨다.

그분은 우리들의 거친 행동 속에서 오히려 하나님과 이웃을 위한 훌륭한 봉사자로 변화할 수 있는 감추어진 자질을 보고 계셨던 것이다.

심한 개구쟁이로서 우리들은 3년간이나 그 선생님께 배웠다. 우리와 우리 반을 향한 그분의 믿음과 성실성은 실로 놀라운 축복으로 보답되었다. 그렇게 20년이 지난 지금 그 반 학생들 가운데서 변호사와 판사가 각각 한 명씩 그리고 목사가 3명 배출되었던 것이다. 그 중에서도 가장 개구쟁이로 소문이 났던 나는 코로라도 스프링필드의 어느 침례교회 담임목사로 사역을 하고 있다.

나는 그 때 그 일을 생각을 하면서 인생에 있어서 하나님을 알게 하는 가장 좋은 시절이 유년시절이므로 유년시절의 주일학교 교육을 나는 인생의 운명을 바꾸어 놓을 수 있는 가장 소중한 교회교육 이라고 지금도 가르치고 있다.”

11. 친구를 선택하는 방법

친구 없이 세상을 사는 사람은 없다. 식물이나 동물 모든 것이 함께 동질성을 지닌 것끼리 친구가 되어 살아간다. 식물들도 같은 무리 군(群)을 이루며 진달래는 진달래꽃끼리 갈대는 갈대의 군을 형성하며 호랑이는 호랑이끼리 어린 새끼 때부터 놀이를 통한 학습을 익히면서 성장 한다.

1. 사람은 이 세상에 태어나서 부모, 선생 그리고 친구를 잘 만나야 한다.

그래서 사람은 세상에 태어나서 세 사람을 잘 만나야 하는데 이 세상에 처음 태어나서는 부모를 잘 만나야하고 선생을 잘 만나야 하고 그리고 친구를 잘 만나야 한다고 한다. 유태인은 특히 친구와의 교제를 매우 중요하게 생각한다. 따라서 아무하고나 교제를 해서는 안 된다는 말이다. 물론 많은 사람들과 알고 지내는 것은 좋은 일이지만 진정한 친구를 선택할 때에는 가능한 신중을 기하여야 한다.

무엇보다도 친구는 자기를 이끌어 줄 사람이 아니면 안 된다. 자기의 발전에 도움이 되는 친구라면 더욱 바람직하다. 이에 대해 《탈무드》는 '친구를 고를 때는 한 단계 올라서라'고 말한다.

유태의 어머니도 자기 자녀가 자기친구를 자기 집으로 데리고 오는 것을 장려하지만, 만일 그 친구가 바람직하지 못할 경우는, "엄마는 네가 그 아이와 교제하는 것에 반대 한다"고 분명하게 말한다. 바람직하지 못한 친구와의 교제는 '한 단계 올라서는' 경우가 아니라, '한 단계 내려서는' 경우가 되기 때문이다.

2. 친구는 서로가 함께 닮으며 배워가기 때문이다.

여기에서 '한 단계 올라서라' 는 말을 '공부 잘하는 친구를 사귀라' 는 말로 받아들이는 사람이 있을지 모르지만, 공부가 친구를 선택하는 기준은 절대로 아니라는 것이다.

유태인은 철저한 개인주의자이다. 따라서 남과 자신이 다르다는 구별화 라는 것을 매우 중요시한다. 예컨대, 포크와 나이프를 사용하는 법은 모르더라도 나보다 여러 언어를 말할 수 있다면, 그 사람은 가치를 인정받게 된다. 보다 훌륭한 솜씨로 포크를 사용하는 것보다는 한 개 국어라도 마스터하는 편의 사람이 타 문화권의 사람을 만나서 그들의 문화를 익히고 그들과 함께 세계를 향하여 갈 수 있기 때문이다. 그래서 먹는 것보다 생활의 편의보다도 친구와 교제하며 함께 내일을 향하는 삶이 훨씬 낫다고 생각하기 때문이다. 공부를 잘 하는가, 못 하는가의 문제는 극히 일면적인 기준에 지나지 않는다. 비록 공부는 잘 못하더라도 자신의 개성과 가능성을 끌어올릴 수 있는 친구라면 역시 '한 단계 올라선' 친구를 선택한 것이다.

또 한 가지 주의해야만 하는 것은 부모의 판단으로 좋고 싫음을 결정해서는 안 된다는 것이다. 자녀가 친구로 인하여 자극을 받아 개성이 자랄 수 있다면, 설령 부모의 마음에 들지 않는다고 해도 반대할 이유가 없다. 부모는 어디까지나 자녀의 입장에 서서 판단해야 한다.

'저 아이는 시끄러워서' 라거나, '저 아이는 물건을 어질러 놓고 지저분하기 때문에, 또는 '저 아이는 목소리가 너무 크기 때문에' 라는 표면적이고 지엽적인 이유로 자녀들이 훌륭한 친구를 고르는 눈을 방해할 수도 있다.

유태인이 성장한 후에도 친구를 신중하게 선택하고 또한 친구를 특별히 중요하게 생각하는 것은 어렸을 때부터 '자기향상' 을 위해 친구를 고르는 습관을 들였기 때문이다.

3. 선택은 순간이지만 후회는 평생을 하는 것이기 때문이다.

예컨대, 유태계 음악가 다리우스 미요가 청년기 때에 사귄 두 친구의 우정에 자극되어 많은 곡을 작곡한 것은 널리 알려진 사실이다. 시인 하인리히 하이네 역시 철학자인 칼 마르크스와의 우정으로 많은 영향을 받아 산문시의 걸작인 〈독일의 겨울 이야기〉를 썼다고 한다. 특

히 하이네와 마르크스의 경우는 하이네가 21세나 연상이었는데, 연령
으로만 본다면 하이네가 마르크스에게 영향을 끼치는 것이 상례일 것
이다. 그런데 반대의 경우가 된 것은 친구를 선택하는 데 연령 차이는
지엽적인 문제에 불과하다는 것을 보여주고 있다.

또 천재적인 음악가로서 유태계 부모를 둔 구스타프마라도 36년 연
상의 작곡가 브루크너와 사제지간이면서 친구처럼 지냈다고 한다.

《탈무드》는 '애매한 친구보다는 분명한 적이 되라' 고 가르치고 있는
데, '분명한 친구' 를 선택해야 한다는 의미를 담고 있는 말이다. 그래
서 친구에게는 사랑은 있어도 비밀은 없다고 한다. 친구를 위하여 목
숨을 버리면 그 이상 더 큰사랑이 없다고 한다. 과연 내 주변에는 나를
위하여 자신의 목숨을 줄 수 있는 친구가 몇이나 있는지? 물어 봐야 할
것이다.

그러나 우리 곁에는 자신의 목숨을 나를 위하여 아낌없이 버리신 분
이 계시다. 그 분이 영원히 변치 아니하시는 하나님이 사람의 아들의
몸을 입고 우리 곁에 오신 예수 그리스도이시다(요15:13-15)

12. 칭찬으로 크는 나무들

    칭찬은 어린 아이들만 좋아하는 것이 아니라 어른들도 칭찬듣기를 좋아한다. 그래서 어른들도 칭찬을 들을 때 얼굴의 혈색이 붉어지며 수줍어하기도 한다. 왠지 기분이 좋아지며 우쭐해진다. 그리고 그 칭찬 받은 대부분에 더욱 더 잘해 보이려고 한다. 그래서 서로가 칭찬하며 사는 부부는 밝고 미래적이지만 불평과 비판으로 사는 부부들은 서로의 원망 속에 살아간다.

1. 칭찬은 사람을 만든다.

    위로와 칭찬으로 남편을 세계적으로 유명한 인물로 우뚝 세운 미국의 어느 아내의 이야기가 있다. 그가 세계적으로 유명한 노만 빈센트 필 박사의 이야기다.

그는 50대에 한 권의 책을 저술하였다. 완성된 원고를 여러 출판사에 출판을 하여 줄 것을 요청하였지만 모두 거절을 당하였다. 그렇게 15개 출판사로부터 거절당하자 필 목사는 원고 뭉치를 쓰레기통에 던져버리면서 부인에게 이렇게 소리 쳤다.

"여보, 우리는 노력할 만큼 해 보았소. 그러나 어떻게 할 수 없지 않소? 쓰레기통에 버린 이 원고를 절대 쓰레기통에서 꺼내서는 안 되어. 이제는 책이고 뭐고 다 끝장이요."

다음날 노만 빈센트 필 목사의 아내는 그래도 한 출판사라도 더 출판할 수 있도록 시도하여 보고 싶었다. 그래도 자기 남편이 쓴 원고인데, 그렇게 쓰레기통에 버리도록 내버려 줄 수는 없지 않은가? 그녀는 쓰레기통의 원고를 마분지에 싸서 집 근처에 있는 출판사로 가지고 갔다. 그리고 자초지종을 설명을 하였다. 그녀는 집으로 돌아와서 실망에 젖어 있는 남편인 필 목사에게 위로와 용기가 있는 칭찬을 하였다. "당신이 쓴 이 원고가 당신에게는 얼마나 소중한 원고입니까? 나는 이 원고가 출판이 되기 위하여 어떻게 기도하였는지 아십니까? 하나님은 당신의 노력과 우리들의 기도를 분명히 들으셔서 당신이 쓴 원고가 출판이 될 것을 저는 확신합니다. 나는 당신의 탁월한 능력을 믿고 당신만이 나의 소망입니다." 라고 위로와 칭찬을 하였다.

먼 훗날 필 목사는 이때 이 순간의 아내의 위로와 칭찬이 자신의 인생을 바꾸어 놓는 분수령이 되었다고 한다.

2. 칭찬은 사람의 희망을 만든다.

그렇게 해서 출판된 책이 바로 세계적으로 유명한 '적극적인 사고방식' 이란 책이었다. 이 책이 무려 3천 만 권이나 팔린 세계적인 베스트셀러가 되었고 그 목사가 바로 적극적인 사고방식으로 많은 사람들에게 용기와 희망을 주었던 '노만 빈센트 필' 박사였다. 그는 말하기를 곤란은 나뿐만이 아니라 다른 사람 누구에게도 다 있다. 다만 절망에 묻혀 있을 때에 가장 가까이 있는 사람이 어떠한 말로 위로를 하느냐에 따라 그 사람의 명암이 바꾸어진다.

그래서 칭찬은 다음과 같은 사람으로 만들어 낸다.

할 수 있다는 자신감을 갖게 한다. 일의 의욕을 불러일으킨다. 인생의 진로가 바꾸어진다. 일의 성취감을 경험케 한다. 긍정적이고 적극적인 사람이 된다. 자신을 사랑하는 사람이 된다. 미래 지향적인 사람으로 발전한다.

칭찬은 누구나 좋아 하지만 실제로 우리는 칭찬을 하지 못하며 살고 있다. 칭찬은 사람을 움직인다. 그리고 그 사람을 변화시키며 그 사람을 미래의 사람으로 만들어 준다.

13. 칭찬은 병들고
상한 마음을 치유한다.

    태어날 때부터 아주 병약한 어린 아이가 있었다. 이 아이는 뼈와 관절에 이상이 생겨 언제나 고통스러운 생활을 했어야 했다. 이런 이유로 이 아이는 다른 이들과 어울려 잘 적응하지 못하고 열등의식 속에서 지내야만 했다.

1. 칭찬의 언어에는 치유의 능력이 있다.

    이로 인하여 친구들의 세계 속에서 외롭고 쓸쓸하게 자폐증 아이처럼 외톨이로 놀며 아버지의 옷자락을 붙잡고 아버지의 곁을 늘 떠나지 못했다.

    이때마다 아버지는 이 아이에 대한 칭찬을 아끼지 않았다. "힘들지,

그러나 이제부터라도 너의 아픈 마음의 상처들이 찬란하게 빛나는 별이 되도록 아버지와 함께 노력하며 힘써가자.”

아버지는 기회 있을 때마다 칭찬을 하며 그에게 위로와 격려를 하여 인생의 힘이 되도록 하였다. 그는 아버지의 칭찬을 통하여 새로운 꿈을 갖게 되었다. 아버지의 칭찬을 먹고 자란 이 아이는 학교생활과 공부에 자신감을 갖게 되었다 결국 공부도 점점 더욱 잘 하게 되었고 그는 의사 지망생이 되어 결국은 의과대학을 졸업하고 외과 의사가 되었다. 그는 훗날 런던의 외과학회 회장이 되었고 세계 의학협회 외과의사인 그 유명한 해리 프래트 의사였다.

가정에서의 아버지의 칭찬이 자녀 일생의 꿈이 되고 위로와 용기의 양약이 되고 나무와 같은 밑거름이 되어 주기도 한다. 어린 자녀들은 밥만 먹고 자라는 것이 아니라 칭찬을 먹고 자라기도 한다는 것이다.

2. 칭찬은 아픈 상처를 치유하는 가장 훌륭한 처방전(處方箋)이다.

아버지 조셉 케네디(J. P Kennedy)는 집을 떠나 학교 기숙사에 있는 아들에게 편지를 보내면서 칭찬을 잃지 않았다. 가정을 떠나 있는 아들은 개구쟁이들의 세계에서 항상 대장이 되고 교장과 담임선생님에게도 골치 아픈 존재였고 성적도 꼴찌였다. 그러나 워싱턴에 있는 아버지는 아들의 재주와 장점을 찾아 격려와 칭찬의 편지를 자주 보내어 주었다. “아버지인 나는 너의 자라온 어린 시절을 지켜 보아왔단다. 너는 남다른 재능과 영리함을 가지고 있단다. 하나님으로부터 받은 그 귀한 능력을 노력으로 열심히 발휘하여 보지 않겠니? 하나님도 너의

능력을 평가하여 사용하여 쓰시고 싶어 하실 것이다. 그는 아버지의
칭찬의 용기로 자신을 얻어 열심히 공부하여 후에 하버드 대학에 들어
가고 훗날 미국의 제 35대 대통령 존 에프 케네디(J. F. Kennedy)가
되었다.

칭찬은 사람을 만들어낸다. 칭찬은 사실적이면서 사소한 것이 좋다.
꿈과 이상적인 것은 너무나 현실적이지 못하다. 우리는 현실 속에서
살고 있는 것이지 꿈속에서 살고 있는 것이 아니기 때문이다. 너무나
큰 공적이나 업적은 당연히 칭찬이 따르기 때문에 당연하게 생각을 한
다. 그러나 사소한 일들, 남들이 관심을 가져주지 아니하는 사소한 일
들은 의외성의 일로 대단히 기뻐하고 이는 시너지 효과가 크게 나타나
기 때문이다.

칭찬은 당사자와의 직접적인 관계보다도 제삼자의 주변 인물들에
대한 칭찬이 좋다.

예를 들어 시어머니에 대한 칭찬을 하기에는 매우 힘이 들고 조심스
럽다. 구정 명절이나 추석 때 온 가족이 함께 모였을 때를 이용하면 칭
찬의 시너지 효과는 매우 크게 작용을 한다. 그럴 때 는 "우리 아범이
이번 승진 시험에 합격한 것을 보면 아마도 어머님을 닮아서 그렇게도
머리가 좋은가 봐요?" 어머니를 빗대면서 칭찬을 하면 결국은 남편의
머리 좋다는 칭찬이 아니라 시어머니의 머리로 인한다는 것이 된다.
이때 시어머니의 얼굴 표정을 보면 밝고 환하며 웃음과 기쁨의 얼굴에
가득 담겨져 있다.

필자의 막내는 수학을 곧 잘한다. 고등학교에서부터 대학까지 수,
또는 A+를 맞았다. 그럴 때에는 필자는 너의 엄마의 영리한 머리를 닮
아서 이번에도 또 좋은 성적을 맞아 왔구나? 그러면 아들을 분명히 칭

찬을 하였는데 기분 좋아지는 것은 어머니이다. 그래서 칭찬이란 당사자 주변 인물이나 남 앞이나 제 삼자에게 칭찬함이 좋다.

그래서 지나쳐도 흠이 되지 않는 것이 곧 칭찬이다. 늙어도 서로의 아름다운 칭찬은 곧 상처받은 마음의 처방전이 되기 때문이다.

14. 말 한마디가 자녀의 미래의 삶을 만들어 준다.

　어느 중년 남자가 공원 벤치에 앉아 공놀이를 하는 한 소년의 모습을 물끄러미 바라보고 있었다.　중년 남자는 공놀이를 하는 소년에게 물었다. "애야 너는 혼자서 무슨 공놀이를 그렇게 재미있게 하고 있니?" 소년은 불현듯 대답하기를 "하나님과 공놀이를 하고 있어요. 내가 공을 하늘로 던지면 하나님은 그 공을 받아서 내게 던져 주시거든요." 라고 대답하고 재미있게 놀고 있는 것이다.

　어느 날 이 소년은 아버지가 닦으라는 구두가 닦기가 싫었다. 그래서 선생님을 찾아가 상담을 했다. "선생님, 저는 날마다 아버지가 구두를 닦으라고 해요. 그런데 매일 그 구두를 닦으려고 하니 그 일이 정말로 귀찮고 싫어요. 무슨 묘안이 없을까요?" 선생님은 그 소년에게 좋은 생각이 있다 하며 좋은 방법을 알려 주었다. "내일부터는 아버지의 구두를 닦을 때면 그 구두를 대통령의 구두로 생각하고 닦아 보거라 그러면 그 구두를 닦으면서도 나는 대통령의 구두를 닦는다고 자랑스럽게 생각이 되며 짜증과 고통이 사라지고 아마 너는 그 일을 기쁨으로 잘 해낼 것이다.”라고 소년에게 격려와 칭찬을 하여 주었다. 소년은 그 이튿날부터 아버지의 구두를 닦으면서 “이 구두는 대통령의 구두이다.” 귀찮고 싫어도 소년은 대통령의 구두를 닦는다는 마음으로 자랑스럽게 구두를 닦았다고 한다. 어른들의 칭찬 말 한 마디가 귀찮고 짜증스러운 일을 날마다 자랑스럽게 기쁨으로 일하게 만들었다고 한다.

1. 격려와 칭찬은 준비된 미래의 훌륭한 지도자를 만든다.

이렇게 어른들의 긍정적인 칭찬을 받고 긍정적인 사고 속에 자라난 이 아이가 성인이 되어서 신대륙을 발견한 그 유명한 크리스토퍼 콜럼버스가 되었다. 격려와 칭찬은 자라나는 어린 아이들의 미래를 만들어 준다. 자신감을 갖게 하고 미래를 꿈꾸게 한다. 창의력을 발달시키고 도전과 성취력을 갖게 한다.

이렇게 자라난 콜럼버스는 성인이 되어 신대륙을 찾아 항해를 하면서 함께 하고 있을 때에 선원들은 매일같이 날씨와 환경을 탓하면서 불평을 터뜨리기 시작하였다. 그리고 그들의 입에서는 절망의 소리만 외쳐대기 시작하였다. 끊임없이 펼쳐지는 바다만 바라보면서 선원들은 불평과 원망이 여기저기에서 터져 나왔다. “우리들을 이 망망한 바다에서 죽이려고 하느냐? 물과 식량은 점점 떨어져 가는데.” 이제는 선원들이 선장인 콜럼버스를 향하여 대어들면서 반란까지 일으켰다. 그럴 때 콜럼버스는 다음과 같은 글로 하루의 항해 일지를 기록하고 잠자리에 들었다.

"우리는 오늘도 육지는 보이지 않았지만 서쪽으로 항진해 갔다. 그리고 오늘도 하나님이 함께 하셨음을, 나는 하나님께 감사의 기도를 드렸다. 내일을 향한 희망을 가지면서...."

긍정과 칭찬은 밝은 미래와 올바른 생각을 하게 한다. 그러나 불평과 원망은 어둠 속을 헤매며 절망은 미래를 스스로 포기하게 한다. 이는 곧 생각이 결과를 낳기 때문이다.

2. 긍정적인 생각은 내일이란 우리들의 미래를 만들어 낸다.

성경의 예수님은 죽을병이 걸려온 사람들에게 "너는 죽을병이 걸려 곧 죽을 것"이라고 그에 대한 인생의 부정적인 말씀을 하시지 않으셨다. 말씀으로 그들에게 희망을 주시면서 "할 수 있거든 이 무슨 말이냐 믿는 자에게는 능치 못함이 없느니라."라고 "나는 할 수 있다"는 긍정적인 생각을 항상 심어 주셨다. 소경 바디메오에게도 예수님은 "네 믿음이 너를 구원하였느니라."면서 그의 믿음을 보시면서 예수님은 항상 그들의 사고와 생각을 긍정하여 주셨다. 그리고 그의 병을 고쳐주셨다.

하늘을 뒤덮는 먹구름은 밝은 태양과 푸른 하늘을 잠시 가리워도 그 먹구름이 비가 되어 자연을 적시고 나면 하늘은 다시 밝은 태양을 비추어 생명을 발아시키며 푸른 하늘은 우리에게 희망을 안겨주며 대자연의 생명의 풍성함으로 인간을 풍요롭게, 아름답게 살찌운다. 마음과 사고력을 긍정하여 주는 칭찬과 격려는 인간의 삶을 자연의 은혜처럼 풍요롭고 아름답게 살찌우게 하여 준다.

15. 자녀의 통제와 관심

　어린이가 세상에 태어나서 가장 먼저 배우는 말은 '맘마'와 '지지'다. 그러니까 '맘마'와 '지지'는 최초의 학습이자 의사 소통수단이다. 이 두 가지 언어를 어떻게 익히는가에 따라 아이의 가치관이 다르게 형성될 수 있다. 이 두 가지는 적어도 아이들의 세계에서의 선과 악의 바른 가치관을 심어준다. 엄마의 '맘마' 속에서는 한없는 애정과 사랑을 배우게된다. 반면 '지지' 속에서는 도덕과 규범의 자기통제를 배우게 된다.

1. 자녀 교육의 바른 가치관은 자신의 사랑과 통제에서 시작된다.

　하나는 사랑이고 하나는 통제이다. 하나는 '예스'이고 다른 하나는 '노'이다. 그래서 '지지' 없이 자란 아이는 자신의 제어능력이 없는 버릇없는 아이가 되고, '맘마' 없이 자란 아이는 무관심 고독 속에 묻힌 심리적 고아가 된다. '맘마' 없는 '지지'는 형벌이자 고통이다. 반면 '지지' 없는 '맘마'는 마마보이를 양산할 뿐이다. 따라서 이 두 요소는 아기가 이 땅에 태어나면서부터 자녀교육의 가장 소중한 가치를 늘 적절하게 균형을 유지시켜주는 걸음마와 같다. '맘마'와 '지지'에다 마지막으로 칭찬을 더하면 자녀교육의 3요소가 된다. 칭찬은 아이들이 스스로에게 자신감을 갖게 해 준다. 자신감은 다른 사람과의 대인관계를 원만하게 해 주고, 모든 일에 너그럽게 대응할 수 있는 유연성을 키워준다.

2. 통제와 칭찬은 사물에 대한 올바른 인지 능력을 갖게 해 준다.

칭찬은 다른 사람이나 사물을 대할 때 긍정적인 시각을 갖게 해 준다. 칭찬을 많이 받고 자란 아이는 매사에 적극적이고 쉽게 포기하지 않는 끈기와 인내를 갖게 마련이다. 제2차 세계대전이 끝날 무렵 이탈리아의 시실리섬에는 산 하나를 사이에 두고 고아원이 자리잡고 있었다. 하나는 시설도 좋고 음식도 훌륭했다. 연합군이 조금씩 도와준 덕택이었다. 하지만 다른 곳은 시설이 형편없었다. 비바람조차 가리지 못할 정도였고, 아이들 먹일 음식도 넉넉하지 못했다. 어느 날 두 고아원에 조사관이 파견되었다. 사정을 미리 전해들은 바 있는 조사관들은 두 고아원을 직접 살펴보고 그 결과에 깜짝 놀랐다. 시설과 음식이 좋은 고아원의 어린이 사망률이 60퍼센트에 이를만큼 높게 나타났기 때문이다. 상식적으로 이해가 되지 않았다. 조사관들은 그 원인을 캐기 위해 세밀하게 검토하다가 중요한 사실 하나를 발견하게 되었다. 시설이 뒤떨어진 고아원에는 전쟁 중에 세 아이를 잃고 실성한 40대 여인이 있었다. 그 여인은 고아원 아이들을 모두 자기 자식이라고 생각했는지 매일같이 아이들을 번갈아 가며 안아주고 얼러주었다. 단 하루도 거르지 않고 아이들을 안아주면서 사랑으로 어루만져 주는 어머니와 같은 따뜻한 사랑을 듬뿍 받으며 더구나 아이들을 편애하는 법 없이 똑같이 사랑해 주었다.

3. 사람은 통제와 견인 능력을 가지고 스스로 살아간다.

　비록 실성한 한 여인의 미덕 없는 손길이었지만 따뜻한 위로와 사랑 그리고 자기 통제의 가치관을 올바로 세워 주는 저울이나 잣대가 되기도 한다. 그래서 에디슨은 넓은 평원을 달리는 열차는 제어장치 브레이크가 있는 기차만이 편하게 달릴 수 있다고 했다. 자신에 대한 통제와 절제 그리고 인내는 추운 겨울을 스스로가 이겨낼 수 있다. 자신의 통제와 인내는 그 어려운 환경 속에서도 아이들 스스로가 건강하게 자랄 수 있도록 자각 능력과 견인의 내구성의 능력을 갖게 하여주기 때문에 지지와 맘마는 최초의 학습이자 최고의 방법이기도 하다. 그래서 환경보다 더 중요한 것은 관심과 통제라고 말하고 싶다.

제2장

여름(夏)의 인생(人生)

여름의 인생

꿈 해석으로 유명한 보나르박사(Dr. Bonar)가 어느 날 꿈을 꾸었다. 보나르 박사는 매우 열심의 사람이었다. 그날 밤 천사가 그의 꿈 중에 나타나 그의 인생의 열심을 저울에 달아보는 꿈이었다. 그의 열심을 달아본 결과 그의 인생의 최고 열정의 저울 눈금이 저울의 최고 양인 백근이라는 말을 듣고 매우 기뻤다. 그러나 그 중량의 내용을 듣고 그는 갑자기 머리를 숙이고 겸손해졌다.

그의 열심의 내용은 14근이 이기(利己)를 위한 열심이고, 15근은 파당적 열심이고, 22근은 명예를 위한 열심이고, 7근은 가족을 위하는 열심이고, 9근은 자기 자아를 위한 열심이고, 7근은 이웃을 위한 열심이고, 고작 26근만이 하나님을 위한 열심이었던 것이다.

그러므로 지금 내가 만나고 있는 사람, 지금 내가 하고 있는 이 일, 그리고 지금의 이 청년의 여름 인생의 시간 내가 가장 열심히 할 때이다. 그러나 이 열심이 누구를 위한 열심일까?

일과 역사는 뜨거운 열정 속에 만들어져 간다고 에머슨(Emerson)은 말을 했다. '열심'이란 말은 영어로 "Enthusiasm"인데, 이때 'en'이란 단어는 '안'이라는 말이다. 'theos' 즉 '신'이라는 단어로써 서로 합성된 '열심히'란 말이다.

하나님을 내 안에 모신 때에 뜨거운 열정의 사람이 된다. 그래서 요한계시록에 보면 "뜨겁든지 차든지 하지 않으면 토하리라." 하셨다. 청년의 시대인 여름의 인생은 혈기왕성한 열정을 달구어내는 열정의 때이다. 그래서 우리들은 매우 열정적으로 사는 사람들을 가리켜 마치 신들린 사람과도 같다고들 한다. 신들린 사람이라는 데는 큰 의미가 있다.

어린 청소년의 시절에 하나님을 알고 성령 체험의 거듭남을 반드시 체험케 해야 한다. 성령이 충만한 사람만이 하나님을 향한 열심을 가질 수 있다. 중, 고등학교, 대학교 등 학문과 기술 그리고 자신의 인생을 세우는 배움의 늘 푸른 여름의 인생인 청소년의 때 작렬하게 내려 쪼이는 한 여름의 태양처럼 인생을 뜨겁게 달구어 내어야 한다. 시뻘겋게 달구어진 쇠 덩어리만이 대장간의 대장장이의 손에 의해서 목수나 농부에게 쓰여지는 예리한 연장이 될 수 가 있기 때문이다.

청소년의 때는 인생의 계절에 따라 쓰여질 자기 인생을 준비하며 자신의 여름의 인생을 자기 스스로 만들어 갈 때이다.

1. 가장 부드럽고 약한 것 같지만 가장 강한 물(水)

물은 세상에서 가장 부드럽고 약한 것 같지만 물보다 더 강한 것은 없다고 들 한다. 물은 성질상 둥글게 하고자 하면 둥글게 할 수 있고, 모나게 하고자 하면 곧 모나게 할 수 있다. 그러나 외부의 힘을 가해서 모양이 변한 뒤에도 다시 원래의 제 모습으로 항상 되돌아온다. 물은 어떤 환경에서도 능히 적응할 수 있으니 이것이 약한 것 같으나 곧 물만이 갖는 강한 점이라고 할 수 있다.

물은 참을성이 있어서 연하고 무른 것 같으나 물 한 방울 한 방울은 드디어 단단한 돌도 꿰뚫을 수가 있고, 홍수가 질 때는 어떠한 장벽이나 장해물도 무너뜨리기도 하며 타오르는 불도 물로 진화시킨다.

물은 만물에 혜택을 주지만 남과 지위를 다투는 일이나 시기 질투하는 일이 없다. 사람들은 높은 곳에 머무르기 좋아 하지만 물은 높은 곳에 머무르지 않고 낮은 곳으로 항상 흐르려고 한다. 모두가 싫어하는 낮은 지대로 겸손하게 찾아 든다.

1. 본디 인간의 본성은 물 흐름과 같은 것이다.

물은 그 길을 동쪽으로 트면 동으로 흐르고, 서쪽으로 트면 서로 흐른다. 이처럼 사람도 가르침이나 습관에 따라 선악 어느 쪽으로 흐르게 되기 마련이다. 그래서 물은 우리 삶에 좋은 본보기가 되는 행태를 보여 줌으로 예로부터 물에서 가르침을 얻으려고 했다.

『시자』(尸子)의 군치(君治) 편에는 물의 속성이 지니는 네 가지 덕목을 적어 놓은 대목을 볼 수가 있다.

"물에는 네 가지 덕(德)이 있으니....

첫째는 이 땅의 모든 자연물을 깨끗하게 씻어주고 만물을 통하여 흐르게 하니 인(仁)이라 하며, 둘째는 맑은 것을 추구하고 탁한 것을 꺼리며 찌꺼기와 더러운 불의를 쓸어버리니 의(義)라 일 컬으고, 셋째는 부드러우나 범하기 어렵고 약하지만 강한 것을 능히 이기니 용(勇)이라 한다, 넷째는 하수가 흘러 모여 강(江)이 되고 산하수의 강이 흘러 들어 바다를 이루니 온 천지에서 모여든 온갖 가장 나쁜 것을 포용하고 있으니 그 흐름이 겸손하여 지(智)라 한다."

그래서 인생은 그 자체의 삶이 물을 닮아야 한다고 한다.

2. 물은 생명의 시작이다.

보통 사람의 삶의 몸속에는 45*l*의 물을 지니고 있다 그 중 약 2.75*l*의 물을 날마다 새로운 물로 갈아 넣고 있다. 약1.5*l*는 음료수로 약1*l*는 음식물로 보급을 받으며 약0.25*l*의 물은 마른 식품에서 신진대사

를 통하여 만들어진다. 우리들의 몸속에 물이 1-2%가 부족하면 심한
갈증을 느끼게 되고 5%정도가 부족하면 생명까지도 잃는다. 물은 이
산화탄소, 산소 염분과 같은 생명에 필요한 물질을 용해하고 분해하는
일을 한다. 특히 인체 내에서 혈액순환 배설물처리 신체운동에도 물의
역할은 절대적인 것이다 산하들판에도 매 말라 죽어가던 신록 들풀도
비가 오고 나면 움이 돋고 생명이 솟아난다. 물이 곧 생명과도 같기 때
문이다.

3. 물은 우리 환경정서의 표현과 방법이기도 하였다.

우리는 우리 주변에서의 표현되어지는 물에 대한 전통적 정서를 살
펴보면,

**첫째, 물을 생명력이나 생기를 의미하는 것으로 전달되어지곤 하
였다.**

싱싱한 생선을 보고 "물이 좋다"라고 한다든지 "한물이 갔다"하면
신선도나 생기가 없음을 뜻하는 말로 불려졌다. 아가씨더러 물이 오른
다고 하면 터질 듯 탐스런 육체적 절정으로 표현되어 지기도 한다. 그
러나 어느 사람에게는 형편이나 팔자가 필 때 그 말을 쓴다. 또 어떤
인생이나 사연이 절정기를 지났을 때는 한물갔다고들 표현을 한다.

둘째, 물은 마음도 씻어 준다고 생각한다.

노름이나 마약이나 범죄의 구렁텅이에서 빠져나가고자 할 때도 "손

을 씻는다. 발을 씻는다.”고 하듯 물은 악을 정화시키는 구실로 표현하곤 했다. 부정한 것을 보거나 욕말을 들어도 집에 돌아와 눈이나 귀를 물로 씻었다. 우리 조상들은 마음의 오염까지도 물로 씻어냈을 정도로 물은 생명력이나 순결함과 같은 정결의 의미의 정서로 여겨져 왔다.

이처럼 물은 우리에게 있어 가장 친근하고 궁극적으로 추구해야 할 도덕적 상징이었으나, 지금에 와서는 산업과 정보문명 아래 병들거나 썩어 죽어가고 있다.

셋째, 물은 용서와 은혜의 상징으로 은유 되어져 왔다.

강물에 흘려보내면 없어진다는 생각은 우리나라의 풍토와 깊은 관련이 있다고 본다. 몬순지대인 우리나라는 비가 자주 오고, 비만 오면 지상의 모든 더러운 것을 말끔히 흘려 없애 버리듯이 용서는 잊어 흘러버리는 것이다

또는 보혈과 죄 씻음의 거룩함은 물의 표현이기도 하다. 그래서 성소에 대제사장이 들어 갈 때에는 물두멍에 먼저 손을 씻고 들어갔다. 신약에 와서는 세례의 씻음은 곧 양심이 하나님을 향함을 가르치기도 한다. 그래서 물은 가장 약하여 보여 지나 실제로는 험한 바위를 뚫고 장벽을 무너뜨리고 홍수를 이루어 무서운 파괴력을 나타내듯 왕 중에 왕으로 가장 강하면서 힘이 센 것이 물이다. 우리는 때로는 물처럼 부드럽고 때로는 물처럼 강한 성품을 닮아가야 할 것이다.

2. 고통과 실패도 생각하기 나름이다.

    사람이 이 땅에 태어나서 성장하여 어른이 되기까지는 크고 작은 수많은 고통과 실패 아픔의 과정을 겪게 된다. 사람은 어른이든 아이든 쉽게 걸리는 질병이 감기다. 감기란 질병은 귀찮은 나쁜 질병이기 때문에 감기의 바이러스 균을 통하여 질병의 내성이 강해져서 질병저항력이 생겨나게 되어 웬만한 질병에는 끄떡없이 견디어내게 된다. 어린 아기가 걸음마를 배우기 위하여 넘어지고 엎어지고 엉덩방아를 찧으면서 첫 걸음을 배운다. 이처럼 고통과 실패란 인생이 아름답게 성숙하여져 가는 한 과정이다.

1. 생명이 있는 식물의 세계도 고통의 과정을 거쳐야 아름다운 꽃이 피고 열매가 맺힌다.

    레오나르도 다빈치는 한 세기의 위대한 예술가였다. 그가 미술가로

명성을 떨치기까지는 남다른 열정이 그에게 있었다. 그는 "최후의 만찬"의 한 작품을 위해 무려 10년에 걸쳐서 그림에 열중했는데 어떤 때는 그림을 그리는데 너무 열중해 밥 먹는 것조차 잊어 버렸다고 한다.

엘리사 오티스는 기계공으로 자기가 계획했던 일을 네 번이나 계속하였으나 네 번이나 연속하여 실패하였다. 결국 다섯 번째 도전하여 성공하였는데 그것은 고층 빌딩에서 사용하는 엘리베이터였다. 그것의 발명으로 고층 빌딩이 생기게 되었다.

아이작 싱거는 셰익스피어 연극에서 별로 신통치 못한 배우로 일하던 사람으로 배우 직을 그만 두고 재봉틀을 만들겠다는 결심을 하고 열심히 노력하였는데 그 결과 대성공을 거두었다. 그 재봉틀이 유명한 '싱거 재봉틀'이다. 그의 신통치 못한 일은 그의 인생을 섬유와 패션계의 대변혁을 가져오게 했다.

2. 가지가 꺾기 우는 고통 속에서도 생명은 반드시 꽃이 피고 열매가 맺는다.

로우랜드 메이씨는 사업에 큰 뜻을 품고 도전했지만 거퍼 실패를 하였다. 세 번째로 도전했지만 또 실패하고 말았다. 네 번째 도전했으나 그만 파산하고 말았다. 그러나 그는 집요하게 또다시 도전하여 다섯 번째 성공을 하였다. 그 회사가 바로 세계 처음으로 등장한 현대식 백화점인 메이씨 백화점이다.

월 켈로그는 빗자루를 만드는 공장에서 매니저로 일을 하면서 아침 식사를 위하여 그는 옥수수를 튀겨 아침 식사로 콘 프레이크를 만들어

먹었는데 그것이 나중에 유명한 아침 식사대용품으로 인기를 끌로 있
는 "켈로그 콘 프레이크"이다.

　최고의 권위를 갖는 영어 사전을 완성하기 위하여 웹스터는 대서양
을 두 번이나 건너다니며 자료를 수집하였다. 사전 하나를 만들기 위
하여 장장 36년간을 소비했다. 그렇게 해서 완성된 사전이 그 유명한
웹스터 사전이다.

3. 고통과 실패는 생각하기에 따라서 화(禍)가 되고 행복이 된다.

　당장은 나에게 무거운 것 같고 귀찮은 것 같은 고난과 고통이 결국
은 나를 살려 주는 것이 될 수도 있다. 평소에는 그것을 잘 모른다. 어
려움 당하는 그 당시에는 그것을 더욱 더 잘 모른다. 그러나 얼마의 시
간이 지나서 나중에 알고 보면 내게 닥쳤던 고난이 오히려 큰 유익이
되고 신앙을 다시 갖게 하고 인생을 새롭게 느끼는 놀라운 축복으로
다가오는 것을 발견하게 된다.

　혹시 지금 나에게 고통스럽고 힘들고 귀찮아서 버리고 싶은 짐스러
운 것이 있는가? 창피스럽고 자존심이 상해서 다른 사람에게 이야기하
고 싶지 않은 약점이 있는가? 그것으로 고민하고 있고 그것들로 인하
여 힘들어하고 있는가?

　이제는 아니다. 언젠가는 그 약점과 고통이, 부끄럽게 느꼈던 그 흠
집이 나의 인생을 바꾸어 놓고 내 인생을 다른 곳으로 움직이게 하는
지렛대가 되고 큰 복이 되고 나를 새롭게 하고 실패에서 성공으로 이
끄는 자랑거리가 될 것이다. 지금의 고난과 지금의 어려움이 언젠가는

나에게 다시 일어서고 회생하는데 구원자의 역할을 할 수 있음을 잊지 말아야 한다.

사람이 무엇이든지 생각하기 나름이다. 눈으로 보이는 좋은 것이 늘 좋은 것만은 아니다. 사람은 생각하는 존재라 언제나 상대적이다. 좋게 생각하는 사람에게는 흠도 좋게 보이고 유익하게 보이지만 나쁘게 보는 사람에게는 좋은 것도 나쁘게 보인다.

만약 불우한 환경과 조건 때문에 낙담하고 좌절해 하는 사람이 있다면 다시 한 번 그것을 새롭게 바라보며 좋은 것을 찾는 지혜가 필요하다. 남들이 보지 못하는 장점을 쳐다보고 그것을 감사하며 살아보자.

중요한 것은 상대방이나, 주어진 환경보다는 언제나 내 자신에게 그 해결사는 나 자신이라는 사실을 명심하자. 행복은 단점 속에 장점이 묻혀있고 작은 사실 속에 크고 아름다운 세계가 숨겨져 있기 때문에 고통과 실패도 나 자신이 생각하기 나름이다.

3. 긍정과 부정의 사람

　교육학에는 '하아로우의 실험' 이라는 이론이 있다. 어느 날 심리학자인 하아로우 교수는 다음과 같은 실험을 하였다. 젖을 먹는 아기 원숭이들 앞에 엄마 원숭이 대신 두 개의 인형을 만들어 놓았다. 두 개의 인형 중 하나는 철사로 엄마 원숭이처럼 만들어 그 철사로 만든 인형 원숭이의 가슴에 우유병을 넣어 두었다. 그리고 빨아먹을 수 있도록 젖꼭지를 내놓았다. 그리고 다른 하나에는 부드럽고 두꺼운 천으로 엄마 원숭이를 만들어 우유를 빨아먹을 수 있도록 가슴에 우유병을 넣어 두었다. 그리고나서 아기 원숭이들이 어떻게 하는지 살펴보았다.

　첫날에는 아기 원숭이들이 와서 두 인형 속에 있는 우유를 모두 빨아먹었다. 그러나 그 다음날부터는 철사로 만든 인형에게 가지 않고 천으로 만든 인형에게만 모여들기 시작했다. 그리고 부드럽고 두꺼운 천으로 만들어진 엄마 원숭이 인형의 우유를 아기 원숭이들이 빨아먹어 우유는 마침내 동이 나고 말았다. 이처럼 전쟁은 칼과 총을 가진 강한 자가 이기지만 생명관계는 연하고 부드러운 자가 이기고 성공한다.

1. 긍정적인 사람은 물처럼 강하지만 부드럽고 연하다.

　물은 세상에서 제일 부드럽고 연하다. 그래서 유아들이 제일 좋아하는 것 첫째가 물 둘째가 모래라고 한다. 불은 태우며 소멸시키지만 물은 불을 끄기도 하며 작은 물방울이지만 바위를 뚫으며 생명을 잉태시킨다. 그래서 물은 부드럽고 연하지만 강하기도 하다. 우리는 앞의 실험에서 보듯이 동물들도 부드럽고 연한 사람에게 친구가 있고 이웃이 있게 마련인 것이다. 같은 재능, 같은 기술, 같은 능력을 가진 사람이라도 사회에서 선호하는 사람은 온유한 부드러운 마음을 가진 수용성이 있는 사람이라 할 수 있다. 그래서 인간은 결코 기계적인 관계로만은 살아갈 수 없음을 느끼게 된다. 인간에게는 사랑의 따스한 피가 있으며, 머리에는 생각이 있고, 마음에는 인격이 있다. 그래서 긍정적인 사람은 물처럼 강하기도 하지만 연하면서도 부드럽다.

2. 긍정적인 감정은 부드럽고 연한 열린 감정이다.

　감정에도 크게 나누면 긍정적인 감정과 부정적인 감정이 있다.
　부정적인 감정은 그대로 두어도 잠재의식 속을 파고들지만, 긍정적인 감정은 자기 암시의 자아의 힘을 빌려야만 내 자아의 감정 속에 들어올 수가 있다. 이러한 감정들은 빵 만들 때 쓰는 이스트에 비유할 수 있다. 내 자아 속에 입력된 감정이 다른 것과 반응하여 점점 부풀어 오르는 모양이 비슷하기 때문이다.

긍정적인 감정을 가지면 소망, 사랑, 믿음, 열정, 근면, 인내, 온유의 내면의 요소로 정신적인 감정을 가득히 채운다. 특히 강력한 감정으로써 사람들이 무엇인가를 창조하려고 할 때 제일 많이 사용되는 감정들이다. 이러한 감정들은 사용을 하여야만 내 것이 될 수가 있고 내 마음 속에 깊이 담아 둘 때에 그 사람은 긍정적인 사람이 될 수가 있다. 여기에서 또 하나 기억해야 할 것은 마음을 긍정적인 감정으로 가득 채우면 돈을 바라는 의식도 계발되고 하나님을 향한 믿음의 사람이 될 수가 있다는 것이다.

그러나 부정적인 감정 공포, 질투, 증오, 원망, 탐욕, 분노, 음란의 내면의 요소로 정신과 세계를 파괴하는 것이다. 긍정적인 감정과 부정적인 감정이 동시에 마음을 지배할 수는 없다는 것이다. 반드시 어느 한 쪽의 지배를 받는 것이다. 따라서 긍정적인 감정이 마음을 지배하도록 하는 것은 선택이 아니라 의무이다. 그러기 위해서는 긍정적인 습관의 법칙을 능숙하게 이용하는 훈련이 되어야 한다는 것이다. 긍정적인 생각을 늘 하는 사람은 언제나 긍정적인 사고가 잘 발달이 되어 있다. 사람이 부정적인 사람이 되면 늘 비판적이며 불평을 하는 사람이 되기 쉽다. 사람과 사물을 보는 눈이 어두워져 안된다고 모든 매사에 부정을 하려고 한다.

이와 같이 삶은 누구든지 부정의 의지대로 부정적인 감정의 요소가 조금이라도 남아 있으면 긍정적인 요소가 파괴되므로 조심해야 한다. 마치 빛보다 어두움이 쉽게 빨리 찾아 들 듯이 부정의 원소는 긍정보다 그 배수가 7배나 강하게 나타나기 때문이다.

4. 꿈 (Dream)

사람들은 인생의 1/3을 자면서 보내고 그 중의 상당 부분은 꿈을 꾼다. 잠을 자면서도 우리는 쉬지 않고 생각하고 기억하며, 이를 증명하는 것이 꿈이다. 꿈을 꿈으로써 정신적 갈등을 해소하기도 하며 새로운 착상을 만들어내기도 한다. 일반인들이 꿈에 대해 호기심을 가지는 것은 꿈이 뭔가 예시해 줄 것이라고 생각하기 때문이다. 수만 마일 떨어진 우주공간에서 우주선들을 한치의 오차 없이 정확하게 도킹시킬 정도로 과학이 발달되었지만 왜 꿈을 꾸게 되는지, 꿈이 하는 일이 무엇인지는 아직까지도 여전히 수수께끼로 남아있다.

1. 이 땅위에 모든 사람은 꿈을 꾼다.

어떤 꿈은 비교적 명료하고 스토리가 분명하게 전개되기도 한다. 그래서 꿈의 내용이 확실하게 기억되기도 한다. 그러나 대부분의 꿈은 도대체 무엇을 의미하는지 질서가 없고, 이해할 수 없으며, 황당하기 짝이 없기도 하다. 그러나 우리들은 꿈속에서는 주인공이 되기도 하지만, 관객이 되기도 한다. 어찌 보면 꿈 덕택에 돈들이지 않고도 영화를 실컷 보고, 또 찍어낼 수도 있기도 한다.

모든 사람들의 꿈을 만들어내는 재료는 낮에 경험했던 일들이나 과거의 사건들, 무의식적인 욕구나 갈등, 소망이나 기대, 잠자면서 받게 되는 외부 자극들 속에 함께 섞여져 있다. 그래서 꿈은 마치 추상화를 볼 때처럼, 사람에 따라 해석이 구구하게 표현이 되어지기도 한다. 정신 분석가들은 유능한 수사관들이 사소한 단서로 범인이 남긴 증거를 찾아내듯이, 꿈을 통해 그 사람의 무의식을 찾아내기도 한다.

꿈을 꾸는 동안에는 사람들의 눈동자는 움직이지만 신체의 골격근들이 대부분 마비된 상태이므로 꿈속의 의식을 행동으로 옮기는 경우는 거의 없다. 이런 점에서 꿈을 꾸면서 그것을 행동으로 옮기는 행위를 몽유병(Somnambulism) 수면장애로 분류하기도 한다.

2. 꿈을 꾸는 사람만이 현실의 꿈을 성취한다.

유명한 과학자나 예술가들의 전기를 읽어보면 꿈속에서의 착상이 창조적인 업적을 이루는 결정적 계기를 만들어 준 예들을 많이 접할 수가 있다. 예를 들어 재봉틀을 발명한 하루에는 다음과 같은 내용의 꿈을 꾸었다.

미개인들이 "재봉틀을 만들어주지 않으면 죽인다고" 위협을 했을 때에 애를 써보았지만 그것을 만들어 내지 못하자 결국은 그는 미개인들의 창에 찔리어 죽는 순간이었다. 그 때 그 죽음의 순간에 창끝에 구멍이 뚫려 있는 것을 보았다. 그는 화들짝 놀라 꿈에서 깨어났다. 그리고나서 그는 바늘 끝에 구멍을 내어 재봉틀을 만들어내게 되었다. 독일의 과학자인 케쿨레는 6개의 수소원자와 6개의 탄소원자로 된 벤젠의 분자구조를 어떻게 그릴 것인지를 놓고 고민하던 중, 난롯가에서 잠이 들었다. 꿈속에서 두 가지 원자들이 한 마리의 뱀으로 변했다. 그 뱀은 입으로 자기의 꼬리를 물고 있었다. 그것을 본 순간, 잠에서 깨어나 꿈에서 본 모습을 그대로 옮겼다. 그것이 바로 케쿨레의 벤젠구조식이다.

산문 시인인 코올리지는 꿈에서 착상했던 시들을 잠에서 깨어나 그대로 옮겨 써서「쿠빌라이 칸」으로 발표하였으며, 「지킬박사와 하이드 씨」라는 단편소설을 쓴 스티븐슨도 꿈에서 줄거리를 생각해 냈다. 또 뇌 속의 신경전달물질의 일종인 아세틸코린의 기능을 밝혀 낸 이 역시 꿈에서 영감을 모두 얻었다.

그러나 꿈을 많이 꾼다고 해서 누구나 창조적 업적을 내는 것은 아니다. 창조적인 생각을 가지고 부단한 노력을 하는 사람들은 못다 해결한 문제들을 꿈속에서도 찾기 때문에 꿈속에서도 창조의 꽃을 피울 수 있다는 것이다.

3. 꿈은 꿈보다 해몽이 더 좋아야 한다.

꿈은 어디까지나 꿈이다. 재주 좋은 목수는 연장을 탓하지 아니 하듯이 성공적인 인생의 꿈을 가지고 사는 사람들은 꿈의 족쇄에 묶여 좌우되지 아니한다. 꿈의 내용자체보다도 그 꿈을 어떻게 해석하고 어떤 의미를 부여하느냐가 더 중요하다. 밤새도록 꿈속에서 싸운 흉몽의 꿈의 내용 때문에 고민하며 괴로워하면서 그 꿈이 인생의 주인이 되어서 우리는 꿈속에서 묶여 자신을 은연 중 부정하며 살 때가 있다. 어디까지나 꿈의 주인은 사람이며 꿈을 꾸는 사람은 나 자신이라는 것이다.

4. 끝으로 하나님이 계시로 주시는 꿈이 있음을 기억을 해야 한다

야곱이나 요셉, 그리고 다니엘 등 많은 하나님의 종들에게 하나님은 꿈을 주시었다. 하나님이 주신 그 꿈대로 그들의 인생의 삶이 이루지기도 했다. 그래서 하나님이 주신 꿈을 영몽이라고 한다. 그들의 삶을 통하여 하나님은 섭리를 나타내시곤 하였다. 때로는 고통과 고난의 길이지만 하나님은 은혜를 주시어 하나님은 만나며 함께 가게 하신다. 그래서 하나님의 사람들은 믿음과 말씀을 통하여 하나님의 꿈을 이루며 만들어 간다. 요셉은 꿈의 삶이었고 요셉의 한 삶을 다 하였을 때에는 하나님은 아브라함과의 약속이 이스라엘 백성을 통하여 그의 섭리가 다 이루어 졌음을 볼 수가 있다. 그래서 우리는 언제든지 하나님을 향하여 꿈을 꾸는 백성이 되어야 한다.

5. 때는 지금부터이다

　몇 사람들의 사내들이 둘러앉아 지팡이용 목재를 어느 계절에 베어 쓰는 것이 가장 좋으냐 하는 문제를 놓고 옥신각신 하고 있었다. 한사람은 수액이 올라오는 봄에 베어 쓰는 것이 가장 좋다. 봄에 베어낸 나무로 만든 지팡이는 튼튼하면서도 강하다는 이유였다. 이어 다른 사내는 여름만큼 적당한 계절이 없다고 주장을 했는데 그 이유는 나무들이 자라 완전한 형태를 갖추는 때가 바로 여름이기 때문이라는 것이다. 그러자 세 번째 사내가 나서서 두 사람이 다 틀렸다고 말하는 것이다.

　그는 지팡이용 나무를 베어내기에 가장 알맞은 계절은 가을이다. 왜냐하면 가을에 이르러서야 수액이 나무를 완전히 성숙하게 만들어 주기 때문이라는 것이다. 그들은 계속하여 서로 다투고 있는데 시간이 흐르면 흐를수록 점점 완강하게 자신들의 생각만 고집하면서 옥신각신 하는데 마침내 그들은 자연에 대하여 가장 잘 알고 있는 늙은 농부에게 물어 결판을 내기로 의견을 모았다. "영감님, 지팡이를 만들 나무는 어느 때에 베는 것이 가장 좋습니까?"

그러자 지혜로운 농부는 이렇게 말하였다. "어느 때가 가장 좋은 고하니, 당신들이 마음을 먹은 바로 그때가 나무를 베기 가장 좋은 때입니다."

1. 기회는 지금 내가 마음먹었을 때이다.

어느 날 톨스토이의 제자들은 그에게 와서 물었다. "선생님, 어느 때가 가장 귀한 때입니까? 그리고 어느 사람이 가장 귀합니까? 그리고 나에게 있어서 무엇이 가장 중요합니까?"

톨스토이는 "가장 귀한 때는 바로 지금 이때입니다. 가장 귀한 사람은 지금 내가 관계를 맺고 있는 지금의 내 곁에 있는 당신입니다. 그리고 가장 귀한것은 지금의 당신과 나와의 관계를 맺고 있는 이 대화가 가장 귀합니다."

바로 오늘 지금 내가 하고 있는 이 일이 내게는 가장 중요하고 가장 중요한 시간이고 가장 중요한 사람이다. 벽돌도 지금의 한 장을 잘못 쌓으면 높이 쌓은 미래가 무너진다. 대나무순도 지금 바로 세우지 못하면 성장하여 쇄한 큰 나무를 바로 잡지 못한다. 사람도 세 살 때의 교육이 일생을 꿈꾸게 하고 일곱 살 때의 교육은 일생을 키우고 열 살까지의 교육은 그의 일생을 만든다고 했다.

그래서 성경 전도서 3:1에도 "천하 모든 범사에는 때와 기한이 있다고 했다. 날 때가 있고 죽을 때가 있고 울 때가 있고 웃을 때도 있으며...."

고전 6:2에 "보라 지금은 은혜 받을 때요 보라, 지금은 구원의 날이로다." 모든 삶의 방법에는 때가 있다는 것이다. 그때가 바로 지금이라는 것이다. 지금이라는 시간은 영원한 것이다.

2. 인생 세월의 속도는 자기 자신의 나이에 비례된다.

크리스챤의 삶의 시간은 영원을 향하여 달려가기 때문이다. 그래서 10세의 어린이는 그의 인생의 세월의 속도가 10km로 달리고 30세의 젊은이는 그 달리는 인생의 속도가 30km로 달리고 50세의 장년의 세월의 속도는 50km로 달린다. 70세의 노년의 인생의 속도는 70km나 이만큼 비례되어 인생의 세월의 속도는 가속이 붙기 때문에 백발이 성성한 노인이 되어서는 그 흐르는 세월의 유수와 베틀째 같다고 했다. 그래서 노인이 되고 나면 껌뻑 껌뻑하고 나니 나이 한 살 더 먹었다고 한다. 그래서 흐르는 강물을 막을 수 있어도 세월은 막을 수 없다고 했다. '내 인생의 때는 바로 지금이다'. 바로 지금이다. 라고 깨닫고 시작할 지금이 가장 빠를 때이고 그때는 바로 영원을 시작하는 시간이기 때문에 '지금이 바로 나의 시간이요 나의 때이다.' 라는 것을 기억하여야 한다.

6. 하나님이 특별히 주신 선물
성(聖)스러운 성(性)

동물들의 수컷들은 항상 새로운 암컷들과 교미를 하기를 원한다. 황소나 개, 닭들이 특히 더하다. 동물들은 발정기가 되면 암컷이 수컷들에게 냄새를 풍기어 끌어당기는 특유의 냄새를 풍긴다. 모든 동물들이 이 특유의 냄새를 통하여 성적 충동을 일으키며 성적인 행동들을 한다. 개나 나비 또는 모기는 수 킬로미터 떨어진 먼 곳에서 수컷의 냄새를 맡거나 암컷의 질 분비선에서 발산시키는 질 분비액의 냄새를 맡고서 수 킬로미터 떨어진 곳에서도 미친 듯이 찾아온다. 그리고 동물들은 발정기 때에는 매우 공격적이고 적극적이다.

미국의 제30대 대통령 캘빈 쿠울릿지(1923-1933) 내외는 나이가 지긋한 비서와 함께 시골 농장으로 여름휴가를 즐기려고 갔다. 대통령은 농장 안내자와 즐겁게 이야기를 나누고 있었다. 이때 영부인은 농장을 구경하다가 닭장 앞을 우연히 지나게 되었다. 닭장 옆을 지날 때 수탉이 암탉과 신나게 교미를 하면서 한참 수선을 피우고 있었다. 이 광경을 보고 있던 영부인은 농장 안내자에게 물었다.

"수탉은 하루에 암탉과 교미를 몇 번씩이나 하는가?"

"하루에 수십 번씩이나 교미를 합니다."라고 농장 안내자가 대답했다. 영부인은"비서에게 이 사실을 대통령에게 꼭 말씀을 드려주게나."라고 동행했던 비서에게 부탁을 했다. 비서는"나중에 틈나는 것을 보면서 그리하겠습니다."라고 대답을 했다. 그리고 비서는 틈을 엿보다가 대통령에게 이 말을 전했다. 이 말을 들은 쿠울릿지 대통령은 빙긋이 웃으면서 하는 말이 "그 수탉 참 대단하군. 그런데 매번 교미를 같은 암탉과 하던가?" "아니올시다. 매번 다른 암탉과 했습니다."

"그래, 그렇다면 그 사실도 영부인에게 말해 주게나."

성에 대한 동물들의 대부분의 습성은 닭장에 새로운 암탉을 넣어주면 수탉은 새로운 암탉과 교미를 하고 먼저 교미했던 암탉은 거들떠보지도 않는 습성을 지니고 있다. 그래서 그 다음에 또 다른 암탉을 넣어주면 어제의 교미를 했던 암탉은 헌신짝처럼 버리고 새로운 암탉과 새로운 교미를 한다.

수탉에 대한 대통령의 말이 하도 걸작이라 후일 비서가 친구에게 말한 것이 세상에 널리 퍼졌다. 새로운 것을 좋아하는 동물의 습성을 무엇이라고 할까 고심을 하던 차 동물학자가 이 말을 듣고 "옳다! 그래, 동물들이 새로운 변화와 새로운 짝을 찾는 성행위를 가르켜 쿠울릿지 효과(Coolidge effect)라고 하자." 그래서 새로운 짝을 찾는 행위를 가리켜서 쿠울릿지 효과라고 명명했다고 한다.

한 연구소에서 원숭이 한 마리를 원숭이 우리에다 넣어주고 교미가 끝난 다음 다른 암놈 원숭이를 교체해서 우리에다 다시 넣어 주었더니 원숭이의 성적인 반응이 새로운 암놈이 바뀔 때 마다 줄어들지 않고 계속하여 그 성교 횟수가 계속증가를 한 것으로 조사 결과 나타났다. 그러나 같은 암놈을 다시 우리에 안에 넣었을 때에는 원숭이에 성적인 횟수의 반응이 급격히 줄어들었다는 것이다. 그리고 숫놈들은 한번 경험했던 암놈을 다시는 쳐다보지도 않았다. 마법의 성이란 책을 써서 유명하여진 미리엄 스토퍼즈 박사는 사람에 대한 임상 결과를 이렇게 말을 했다. "사람도 새로운 변화를 찾으며 그 새로운 변화 속에서 새로운 성에 대한 행동을 사람들은 원한다고 했다." 인류학자 토마스 그레고어 박사는 "사람은 매일 어떻게 똑같은 채소만 먹겠소! 그래서 달콤한 과일을 먹고 그리고 햄과 소시지를 먹고 더 좋은 먹이를 찾아 사람은 날마다 새로운 변화를 좇는다고 했다."

우리도 날이면 날마다 같은 김치만 먹을 수는 없다. 그렇다고 사랑하는 아내를 새로운 파트너를 찾아 날마다 바꿀 수는 더욱이 없는 노릇이다. 그러나 바꿀 수 있는 것들이 있다. 사람은 못 바꾸어도 환경과 장소, 분위기는 바꿀 수가 있다. 그리고 자세의 형태도 얼마든지 마음만 먹으면 바꿀 수가 있다. 그때가 되면 일상적인 언어보다 아름답고 사랑스러운 언어로! 통상적인 자세보다 적극적인 자세로! 좀 더 동물적인 감각을 발휘하면서 하나님이 만들어 주신 성(聖)스러운 성(性)을 성공적인 성으로 이끌어 낼 수 있도록..... "아담과 그 아내 두 사람이 벌거벗었으나 부끄러워 아니 하느니라" (창2:25)서로가 벌거벗어도 부끄러움을 느끼지 않는 부부만은 마음만 먹으면 얼마든지 만족을 주고받는 행복한 주인공들이 스스로가 모두 될 수 있을 것이다.

7. 오늘 보다 미래를 위한 선택을 하라.

미국의 남북전쟁 전의 어느 봄날, 오하이오주에 있는 테일러라는 사람이 경영하는 큰 농장에 제임스라는 소년이 일자리를 구하려고 찾아왔다. 주인 테일러씨는 제임스 소년이 불쌍히 보여 일자리를 주었다. 제임스는 여름내 겨울의 땔나무를 준비하고 소를 맡아 키우는 등 맡은 일을 열심히 잘했다. 제임스 소년은 밥은 부엌에서 먹고 잠은 건초를 저장하는 건초창고에서 잠을 자야 했다.

이렇게 일에 묻혀 지내면서 일 년이 채 지나기도 전에 제임스는 주인 테일러씨의 딸과 사랑에 빠지게 되었다. 자신의 딸과 사랑의 관계를 알게 된 테일러씨는 자기 딸을 사랑한다는 이유 때문에 모욕적인 언사로, 너와 같은 돈도 없고 이름도 없고 장래성이 없는 사람에게 나의 딸을 결혼시킬 수 없다고 냉정하며 모멸감을 느끼도록 구박을 하면서 멸시하기 시작을 하였다. 얼마간 참고 지내던 제임스는 아무 말도 없이 자기의 소유물을 챙겨 가지고 그 농장을 떠나고 말았다.

1. 때로는 이 세상에서 용모는 선택의 기준이 되기도 한다.

어느덧 30년이라는 세월이 흘렀다. 농장주인 테일러씨는 건초 창고를 부수고 새로운 시설을 하게 되었다. 그런데 전에 제임스 소년이 자던 한 구석에 제임스 에이 가휠드라는 자기의 성과 이름을 기둥에 파서 새기어 놓은 것이 있었다. 제임스 에이 가휠드라는 이름은 바로 그 당시 미국의 대통령의 현 이름이었던 것이다. 우리는 나 자신과 현실의 기준이 열려진 미래를 망치는 경우가 많다. 열려진 미래를 보는 안목이 필요하다. 우리는 때로는 베드로처럼 벳세다 들녘의 빵 조각과 병든 자를 고치시고 십자가위의 죽음의 예수님만 보았지, 죽은 후의 예수님의 부활은 보지 못했다는 것이다. 그래서 우리들 앞에 열려진 미래를 보며 열어 가는 아름다운 사고가 필요하다.

2. 제어장치가 없는 선택은 평생을 후회한다.

언젠가 독일에서 있었던 일이다. 함부르크의 어느 호텔에서 새로 채용된 한 접객주임이 창문을 열어 놓고 열심히 청소를 하고 있었다. 그런데 정원 한가운데서 호텔을 찾는 손님들을 위해 마련해 놓은 깨끗한 고급 벤치에 인상도 그리 안 좋고 옷차림도 지저분한 한 늙은 남자가 걸터앉아 담배를 피우고 있는 것을 보았다. 그 접객주임은 이런 훌륭한 고급 호텔의 분위기가 행여나 저런 누추한 사람의 모습 때문에 깨어질까 걱정이 되었다.

그래서 슬며시 그 사람 뒤로 돌아가서 "여보십시오, 남의 눈에 뜨이지 않게 즉시 이곳을 떠나 주십시오" 라고 쓰여 진 쪽지를 넘겨주고는 그를 밖으로 내쫓았다.

3. 준비된 미래를 위하여 선택은 자기 자신이 해야 한다.

그런데 그 일이 있자 이번에는 그 접객주임에게 다음과 같은 쪽지가 전달되었다. "여보시오, 미안하지만 남의 귀에 소문나지 않게 오늘 즉시 이 호텔에서 나가 주십시오. 남루한 옷차림의 주인공 백" 깜짝 놀란 이 접객주임이 그 남루한 옷차림의 주인공이 누구인가 하고 알아보았다. 그는 다른 사람이 아닌 당대에 호텔계의 거부이며 이 호텔의 경영주 스티너스 회장이었다.

그는 큰 회사를 12개나 가지고 있으면서 호텔은 그냥 부업 삼아 경영하고 있던 굴지의 대재벌이었다. 사람을 외모로만 보고 판단했던 이 접객주임은 아무 소리도 못하고 그 호텔에서 해고되고 말았다는 이야기이다.

이는 우리들이 언제나 쉽게 범할 수 있는 잘못들이다. 외형적으로 나타나는 용모나 준수하고도 허울 된 모습이 때로는 선택의 기준이 쉽게 되기 때문이다. 하나님은 사울의 외모보다도 다윗의 내면의 마음과 신앙을 더 소중하게 선택을 하는 기준으로 삼으셨다.

8. 인생의 가장 귀한 열심들

　톨스토이의 민화 중에 「세 가지 의문」이란 단편 이야기가 있다. 한 임금이 세 가지 의문에 부딪쳤다. 사람이 이 세상을 살아가는데 있어 궁금증에 대한 질문이었다. 첫째로, 모든 일에 있어서 가장 중요한 때는 언제인가? 둘째로 어떤 사람이 내게 있어서 제일 필요한 사람인가? 셋째로, 무슨 일이 내게 있어서 가장 중요한 일인가?

　임금이 이 세 가지 의문에 올바른 해답을 주는 신하에게는 후사하겠다고 했다.

1. 인생에게 가장 중요한 사람 중요한 일 가장 중요한 때는 언제 입니까?

　많은 학자와 신하들은 여러 가지 해답을 제시했다. 제일 적절한 때는 점(點)을 쳐봐야 알 수 있다느니, 고문을 두고 물어봐야 알 수 있다느니, 또 제일 필요한 인물은 정치가니, 승려니, 군인이라 고도 했고, 제일 중요한 일은 학문이니, 예술이니, 경신(敬神)이니 하며 중론이 구구했다.

임금은 마음에 드는 대답을 얻지 못하여 옳은 대답을 얻기 위해서 성인의 이름이 널리 알려진 시골의 한 은자(隱者)를 찾아갔다. 늙은 은자는 혼자 야채밭을 갈고 있었다. 임금은 은자에게 세 가지 문제의 해답을 요구했으나 은자는 아무 대답도 없이 밭만 갈고 있었다. 할 수 없이 임금도 은자를 따라 밭을 갈았다. 임금은 다시 물었지만 은자는 묵묵 부답이었다. 얼마 후에 밭 옆 숲 속에서 어떤 사람이 피투성이가 되어 뛰쳐나왔다.

그는 상처를 입고 누군가에 쫓기는 눈치였다. 임금은 자기 옷을 찢어 그 부상의 상처를 싸매어 주고 정성껏 간호했다. 그 부상자는 다름이 아닌 임금의 옛날 원수였다. 자기의 형제를 죽이고 재산을 빼앗은 임금의 원수를 갚으러 왔다가 임금의 부하들에게 붙들려 부상을 당하고 간신히 도망가는 길이었다. 그 부상자는 임금의 은혜의 감격불기(感激不己)하여 앞으로 좋은 신하가 되겠다고 맹세했다. 임금은 다시 은자에게 세 가지의 의문의 답을 요구했다.

이 때 은자는 미소를 짓는 얼굴로 그 대답은 이미 다하지 않았느냐고 하면서 다음과 같이 말했다. 이 세상에서 제일 중요한 한때는 '지금' 밖에 없다. 왜 지금이 중요 하느냐 하면 내가 지배하고 사용할 수 있는 시간은 지금뿐이기 때문이다. 또 제일 중요한 사람은 누구입니까? 그것은 지금 여기서 내가 접하고 있는 바로 이 사람이다. 그리고 제일 중요한 일은 무엇입니까? 그것은 지금 접하고 있는 사람에게 정성으로 선을 베푸는 일이다. 나에게 가장 귀한 일은 원수의 상처를 싸매는 일이다. 가장 중요한 일이나 때 그리고 사람은 지금이고 지금 내가 행하고 있는 일이고 그리고 내 곁에 사람과 내 자신이다.

2. 내게 가장 중요한 시간 가장 귀한 사람 가장 중요한 일은 어떻게 하여야 할까?

일과 역사는 뜨거운 역사 속에서 만들어져 간다고 에머슨(Emerson)이란 사람은 말을 했다. '열심히' 란 말은 Enthusiasm(열심)이란 말을 풀이를 하여보면 en(엔)은 속에(in)라는 말이고 theos(데오스)라는 말은 신이라는 뜻이다. 이는 글자 그대로 "우리들 속에 계신 하나님이" 란 말이다. 열광적인 사람은 마치 신에게 붙들린 사람과 같다는 것이다. 그래서 열심으로 하는 사람이 성공을 하게 된다.

영국에 린도세이란 사람은 열 네살 때 부모와 헤어진 그는 혼자서 살아가야만 했다. 그는 어느 날 도시로 나가기 위하여 배를 타야 되는데 돈이 한푼도 없어, 선주에게 찾아가 말하기를 "주인님, 제가 배에 짐을 싣는 일을 하겠으니 그 대신 배를 태워주시겠습니까? 그것은 선비가 없어서 그러합니다." 주인은 승낙을 하여 무거운 짐을 배로 옮겨주므로, 그는 배를 선비 없이 타고 갈 수 있었으나 배에서 내리고 보니 할 일이 없어 어떤 배에 급사로 들어가게 되었다. 그는 거기서 열심히 일을 잘해, 그는 열아홉 살 되던 해에 자기 배를 갖게 되었고 23세 때 수많은 배를 사게 되어 차차 대 영국 바다의 왕자가 되었다.

사람들은 그를 찾아와서 "어떻게 가난한 소년이 이렇게 성공하게 되었습니까?”하고 물으면, 그 때 린도세이는 대답하기를 “나는 항상 신과 함께 일을 열심히 했습니다.” 그 결과 지금 세계 최대의 해운 부자가 되었다.

3. 열심만이 인생의 풍요로운 부자를 만들어 놓는다.

꿈 해몽의 제 일인자인 보너 박사(Dr. Bonar)가 한 번 꿈을 꾸었는데 그것은 천사가 그의 열심을 저울에 다는 꿈을 꾸었다. 그는 처음에는 달아 본 꿈의 중량이 백근이라는 말을 듣고 매우 기뻐하였다. 그러나 그 중량의 내역을 듣고는 더욱 겸손해지고 하나님께 새로이 헌신하게 되었다고 고백을 하였다.

그 열심의 내용은 14근이 이기(利己)를 위한 열심이고 그리고 15근은 파당적(派黨的) 열심이고, 22근이 명예를 위한 열심이고, 고작 26근이 오직 하나님을 사랑하는 열심이었던 것이라고 한다. 물론 우리는 꿈도 믿지 아니하는 경우도 있다. 그러나 분명한 것은 지금 나에게 주어진 지금의 이일, 지금 만나고 있는 사람, 그리고 지금 이 시간, 내가 가장 열심히 할 때에 그 열심이 나의 삶을 풍요롭게 그리고 성공의 정상에 우뚝 세워 줄 것이다.

9. 자기 존재 가치

요단 계곡에 세 그루의 나무가 있었다. 나무들은 저마다 큰 꿈을 가지고 있었다. 첫 번째 나무는 대성전의 강단이 되어 많은 사람들의 경건성을 전하고 싶었다. 두 번째 나무는 웅장한 배가되어 검푸른 지중해를 향하는 꿈을 갖고 싶었다. 세 번째 나무는 그 자리에 남아서 길손들에게 시원한 그늘을 선물하는 나무가 되고 싶었다.

어느 날 세 나무의 꿈은 산산조각이 나고야 말았다. 한 농부가 그곳의 씨앗을 뿌리기 위하여 나무를 모두 베었다. 그리고 그 벤 나무를 가져다가 첫 번째 나무는 마굿간의 밥통을 만들었다. 두 번째 나무로는 작은 고깃배를 만들었다. 세 번째 나무로는 나무 십자가를 만들었다. 나무들은 자존심이 크게 상했다. 나무들은 심한 수치심에 몸을 떨었다. 그리고 무상한 세월이 흘렀다. 그런데 어느 날 밤나무로 만든 그 말구유에서 아기 예수가 탄생하였다. 그리고 그때 그 나무로 만든 갈

릴리 바닷가 고깃배는 사도 베드로를 주인으로 맞이했다. 나무 십자가에 달려 돌아가신 예수님은 우리에게 구원의 선물을 축복하셨고 그 작은 나무 십자가는 인간을 죄악에서 구원하신 상징으로 오늘날까지 이르고 있다.

1. 사람은 누구나 존재의 가치를 지니고 이 땅에 태어난다.

러셀은 존재의 가치란 존재하는 그 존재의 가치로서 존재의 가치를 지닌다고 했다. 이는 곧 어디에 머무르든지 그 머무는 장소가 곧 그가 있어야 할 장소이며 그 장소가 마땅히 있음으로써 그 존재의 가치가 곧 인정을 받는다는 것이다.

성경은 인간의 존재의 가치를 천하보다 더 귀한 존재라고 했다. 그 귀한 존재에 대한 관심은 머리털 하나도 세신 바 같이 하나님은 관심을 가지신다. 한 앗사리온에 팔리는 참새 한 마리도 하나님의 허락 없이는 떨어지지 아니하는데 너희 일까보냐? 나라는 존재를 천하제일의 가치의 존재로 하나님이 인정하심을 기억해야 할 것이다.

홍성군에 소재지를 둔 혜전대학교에 접객서비스 과목을 강의하는 나성혜 교수가 있다. 그녀는 11년 전 서울 인터컨티넨텔 호텔 룸에서 객실 청소부로 입사하여 일을 하는 호텔 청소부였다. 처음에는 청소부라는 직업이 부끄러워 항상 신분을 감추고 다녔다. 그러던 어느 날 딸은 그녀에게 용기를 주었다. "저는 열심히 일하는 엄마가 더 자랑스러워요." 딸의 격려에 용기를 얻은 나씨는 일터에서 돌아오면 그는 밤늦게까지 방송통신대학을 공부했다. 딸은 공부하는 엄마를 위해 밤마다 커피를 타다주며 위로하였다. 힘들고 어렵게 공부한 나씨는 경기대학 원에서 석사학위까지 받았다. 곧이어 혜전대학교 에서 접객서비스라 는 과목을 맡아 강의하는 교수로 새롭게 출발하게 되었다.

2. 자기존재 극대화는 자신의 적극적인 노력과 인내로 성숙하게 만들 어진다.

그녀는 호텔 청소부로, 주부로, 엄마로, 학생의 과정을 거치면서 자 신의 존재의 가치를 극대화시키면서 어디에 머무르든지 남보다 열심 히 그리고 현실 뿐 아니라 미래까지도 열심히 준비하였다. 자신의 존 재의 가치를 찾아 그 존재가 가치를 지니도록 그녀 자신은 청소부였다 고 과거의 자신의 자리를 숨기는 자기의 자리에서 그 가치가 빛나도록 피눈물 나는 노력을 밤낮 가리지 않고 그녀는 더욱 더 노력하였다. 드 디어 자신의 존재의 가치를 준비시킨 그녀에게 과거나 현재 미래의 환 경은 그녀를 높은 정상의 자리라는 대학의 교수로 우뚝 서게 하나님은 그녀를 일으켜 세우셨다.

나무는 항상 푸른 하늘을 향하여 자라난다. 그러나 그 푸른 하늘의 대기권은 비바람과 눈보라 그리고 찬이슬을 만들어 내리게 한다. 그 속에서 자라난 나무만이 고깃배든 밥통이든 나무 십자가이든 유용하 게 쓰이는 나무가 되어 그 존재로서의 가치를 지니게 되며 그 자신이 란 존재의 가치를 나타내는 가치 있는 존재로서 미래를 맞이할 수 있 게 될 것이다.

10. 자신의 생각이
　　자기 인생을 만든다

소크라테스의 아내는 소문난 악처였다. 그런데 그 악처가 된 이유에는 소크라테스에게도 책임이 있다는 것이다. 왜냐하면 소크라테스는 살림도 안 돌보고 알아듣기 어려운 철학적인 말만 하니 아내는 늘 불만일 수밖에 없었다. 집안의 가정 경제에 대해서는 아무런 관심도 없고 오직 철학에만 몰두하는 소크라테스는 아내에게는 무능력한 남편으로 비추어질 뿐 이었다. 그래서 아내는 욕설을 퍼붓고 심지어 물통을 들고 와서 머리 위에 쏟아 붓기까지 했다.

사람들은 이렇게 아내에게 목욕을 당하는 소크라테스의 모습을 보면서 의아해 했다.

"소크라테스는 늘 아내에게 욕을 먹는다지?"

"그것뿐이 아니야, 아내가 물까지 퍼부었다던데."

"아니, 그렇게 유명하신 분이 왜 그런 악처를 얻어서 고생을 하실까?"

너무나 이상한 이런 모습에 제자 한 사람이 다가와 소크라테스에게
물었다.

"선생님, 하필이면 그렇게 악한 여자를 부인으로 데리고 사십니까?"

그러자 소크라테스는 여유 있는 말로 다음과 같이 대답을 했다.

"훌륭한 말의 기수는 가장 성질 사나운 야생말을 택하는 법이라오.
그런 야생말을 잘 달래서 탈 수 있는 사람이라면 다른 어떤 말이라도
다 잘 탈 수 있기 때문이오? 나 역시 성질 나쁜 아내를 달랠 수 있다면
다른 어떤 사람이라도 잘 달랠 수 있을 것이 아니겠소?"

1. 사람은 언제나 생각하기 나름이다.

또 하루는 소크라테스의 제자가 와서 이렇게 물었다.

"선생님, 결혼을 해야 좋은가요? 아니면 안 해야 좋은가요?" 소크라
테스는 대답하기를

"결혼하시오. 만약 좋은 아내를 얻으면 행복할 것이고 나쁜 아내를
얻으면 나처럼 철학자가 될 테니."

2. 실패나 절망은 새로운 미래의 성공을 가져다 주는 동기가 되기도 한다.

미국 육군 사관학교인 웨스트 포인트를 당당히 졸업한 한 청년이 장
교로서 멕시코 전투에 출전했다. 그런데 어느 날 그 청년 장교인 그는

지나친 과음과 폭언 그리고 난폭한 행동으로 인해 장교의 품행이 좋지 않다는 이유로 곧 군대에서 쫓겨나는 불명예제대를 하는 신세가 되고 말았다.

군대에서 쫓겨난 그는 고향으로 내려갔다. 불명예로 제대한 창피함과 마음의 쓰라림이란 이루 말할 수가 없었다. 집에서 장작을 패며 집안 일을 하는 그 청년의 마음은 하늘이 무너지고 땅이 꺼지는 듯 절망감에 사로잡혀 지내야만 했다.

그는 다시 일어나 농업으로 성공하려고 했으나 그것도 실패로 돌아갔다. 이번에는 사업으로 성공해 보려고 사업을 시작했으나 역시 얼마 못 가서 실패의 쓴잔을 마셔야 했다. 얼마 후 그는 결국 한 가게의 점원으로 일을 하게 되었다.

이때 전쟁이 일어났다. 이 청년은 일반 사병으로 지원하여 전쟁에 참전을 했다. 이 청년은 과거와는 다르게 아주 겸손해졌고 자기의 잘못을 뉘우치고 성실하게 자기의 일에 열심을 다 했다. 청년이 사명감으로 입대하려고 하자 그의 경력을 보던 사람들은 그를 대위로 발탁을 했다. 얼마 후에 그는 소령이 되었고 얼마 후에 다른 사람들이 적극 추천하여 대령으로 진급하였다.

3. 결국 문제의 해답은 나 자신에게 있다.

나중에는 링컨 대통령 밑에서 북군의 사령관으로 지내면서 남북전쟁을 승리로 이끄는 주역이 되었다. 그는 계속적으로 노력을 하여 국방 장관직을 맡아 당당하게 그 직임을 충실하게 수행을 하였고 결국은 미국의 제 18대 대통령이 되었다. 그는 국민들에게 아주 존경을 받는 훌륭한 인격의 소유자로 이미 이름이 나 있었다. 한때는 술주정뱅이요 장교의 자격이 없다고 하여 쫓겨난 그가 성실한 인격을 지닌 존경받는 훌륭한 국가의 지도자가 되었던 것이다. 그가 바로 유명한 그란트 장군이다. 어떤 일이든지 거져 주어지는 것은 없다. 수 없는 시행착오는 자신을 되돌아 성찰하는 기회가 되고 실패와 절망의 좌절을 딛고 일어서 자신의 생각대로 아름다운 인생을 만들어 가는 노력과 열심은 자기 자신만이 하여야하는 성공의 몫이기도 하다.

11. 절망은 곧 또 하나의 기회

　세계적인 호텔체인인 홀리데이인의 창업자인 케몬스 윌슨에 대한 이야기이다. 미국 제재소 직원이었던 그는 아침에 출근을 하여보니 자기의 책상 위에 해고 통지서가 놓여 있었다. 아무런 설명도 없이 황당하게 해고된 그는 굉장히 화가 났고 직장과 자기 상관에 대한 복수심이 끓어올랐다. 그는 제재소 옆에 똑같은 제재소를 만들어 볼까 생각해 보았지만 자본이 없었다. 그는 자포자기한 나머지 집을 떠났다.

1. 절망은 누구에게나 찾아온다.

　그는 여러 달 동안 거리를 이곳저곳 방황하면서 모든 것을 잊으려 했지만 잊을 수가 없었다. 그는 그동안 모아 두었던 돈을 다 써버리고 다시 집에 돌아와 아내에게 이렇게 말했다.

"여보, 나는 자살하고 싶어. 모든 노력을 다해 보았지만 아무것도 되는 일이 없어." 이때 아내는 남편을 향해서 이렇게 말했다. "여보, 당신이 한 가지 시도해 보지 않은 일이 있어요. 당신은 당신이 처한 이 상황과 문제에 대해서 진지하게 기도해 보신 적이 없잖아요."

아내의 말 한 마디는 그에게 큰 감동으로 다가왔다. '맞아, 나는 기도해 본 적이 없지.' 그 후 그는 아내와 더불어 기도하기 시작했다. 며칠 기도하는 동안 신기하게도 자기 마음에 있었던 직장과 상사에 대한 미움과 복수심이 모두 사라졌다. 그리고 그의 머리에서 새로운 아이디어가 솟아나기 시작했다. 그는 자기 집을 담보로 융자를 얻어서 조그마한 건축업을 시작했는데 건축업이 너무 잘 되어 5년 만에 제 발로 설 수 있는 조그마한 사업가로서 자기 기업을 갖게 되었다.

그러던 어느 날 기도하는 중에 하나님께서 그의 마음에 새로운 소원을 주셨다. "하나님, 제가 건축을 하면서 이곳저곳 여행하다가 보니까 마음에 드는 호텔이 그리 많지 않습니다. 좋은 호텔은 있지만 너무 비싸고 작은 호텔은 너무 분위기가 좋지 않더군요. 제가 호텔을 지어보고 싶습니다. 저는 사람들에게 좋은 서비스를 제공하고 아주 청결하며 저렴한 가격에 삶의 쉼을 제공할 수 있는 그런 호텔을 짓고 싶습니다." 매일 새벽마다 기도했다.

그는 하나 둘 호텔을 짓기 시작하였다. 하나님은 그의 기도를 응답을 하셨고 결국은 세계적인 호텔 체인인 홀리데이인 이라는 유명한 호텔이 되었고 미국 내는 600여개의 체인 호텔로 브랜드를 가진 전 세계적으로는 1,000여개의 다국적 호텔로 발전하게 되었다.

2. 폭풍우가 지나가면 찬란한 태양이 떠오른다.

배 한 척이 파선하였는데 선원 중 한 명이 아무도 살지 않는 무인도에 극적으로 도달하게 되었다. 그는 무인도에서 살아나기 위해 땀 흘려 나무를 모아 거의 한달 만에 자신이 기거할 수 있는 조그마한 오두막집을 만들었다. 이 오두막집이야말로 무인도에서 이 사람이 살아가기 위한 유일한 피난처이자 안식처였다.

그는 어느 날 먹을 것을 구하기 위해 깊은 숲에 들어갔다가 해질 무렵 다시 자기 오두막집으로 돌아오고 있었다. 그런데 어찌된 일인지 자신이 애써 지은 오두막집이 불길 속에 휩싸여 불에 타고 있었다. 아무도 없는 이 고독한 섬에서 자신이 의지할 수 있는 유일한 피난처이자 안식처인 집이 불타는 광경을 보면서도 그는 어떠한 대책도 세울 수가 없이 물끄러미 쳐다만 보고 있었다.

그의 마음은 큰 좌절과 쓰라림으로 무너져 내려 그 자리에 그냥 멍하니 주저앉았다. 땅거미가 진 후 그는 나무 잎사귀들을 모아 해변 가에서 겨우 임시 잠자리를 만들어 잠을 청했다. 오랜 날들을 땀 흘리고 애써서 만든 하나밖에 없는 안식처를 한 순간에 잃어버린 절망적인 가슴을 안고 깊은 고통 속에서 잠을 청했다.

3. 사람은 누구에게나 절망을 넘어 서면 새로운 기회가 찾아온다.

그런데 새벽녘쯤 갑자기 사람 인기척 소리가 들려서 잠을 깼는데, 눈을 떠보니까 놀랍게도 배 한 척이 도착해 사람들이 막 배에서 내려오고 있었다. 영원히 무인도에서 홀로 살아갈 줄 알았던 그는 배와 사람들이 오는 것을 보고 기쁨의 소리를 지르며 어떻게 된 것이냐고 물었다.

이유를 들어보니 그들은 이 섬 앞을 지나가다가 불타는 집을 보고 ‘누군가 구조 요청을 하고 있구나.’ 하고 생각이 되어져 이 섬에 오게 되었다는 것이다. 그 소중한 집이 불타는 것은 그 개인에게는 불행한 사건이었지만 이 불행한 사건 뒤에 이 사람을 살리기 위한 극적인 하나님의 섭리와 간섭이 내재되었던 것이다.

때로는 하나님께서 절망스러운 불행이 인생의 새로운 행복 기회를 가져오게 역사 하신다.

12. 절망의 정답은 희망이다

외경인 성경 「미드라쉬」에 다음과 같은 이야기가 나온다.

어떤 아버지와 아들이 사막에 여행을 하고 있었다. 사막은 뜨겁기만 하고 갈 길은 멀었다. 아들은 아버지에게 "아버지, 저는 더 이상 걷기에는 목이 타고 힘들고 죽을 지경이에요. 어디서 좀 쉬었다 가세요."라고 말했다. 그런데 아버지는 아들에게 "애야, 조금만 더 참고 견디어 내면서 가보자. 자, 우리 힘내어 가보는 거야. 머지않아 곧 동네가 나타날 거야"하며 힘을 내라고 아들을 부추겼다. 아버지와 아들은 힘을 내어 걸음을 재촉했다. 얼마쯤 가자 저들 앞에는 곧 묘지가 나타났다. 묘지를 보자 아들은 "아버지, 묘지를 보세요". 우리처럼 수 많은 나그네들이 길을 가다가 죽어서 묻힌 묘지들인가봐요. 아들은 이내 묘지를 보고 절망한 모습이다. 그러나 아버지는 "아들아, 묘지에 가까운 곳에는 동네가 있다는 증거란 법이야? 그러니 힘을 내어라."하고 말했다.

유대인들 풍습에는 사막에서 사는 사람들은 동네 성 밖에다 묘지를 써 왔었다. 그래서 사막에 여행을 하는 사람에게 묘지는 곧 동네가 가까이 있다는 표지가 되어 왔다. 이는 곧 죽음은 생명의 증거이며 인간의 삶의 모습을 가리킨다. 그래서 유대인들은 죽음이란 절망 속에서도 희망의 정답을 찾는다.

1. 유대인에게 무덤은 종말이나 죽음의 상징이 아니라 생명과 희망의 상징이다.

유대인과 다이아몬드와의 인연은 매우 깊다. 2천 년에 걸쳐서 유랑생활을 해온 유대인은 집이나 땅을 떠메고 쫓겨다닐 수는 없었기에 다이아몬드는 가장 숨기기 쉽고 간직하고 다니기 편리한 재산이었다. 이들은 부동산이나 동산 등 많은 재산들을 모아 곳곳에다 부의 축적을 하여 놓았었다. 그러나 유대인이란 이유 때문에 영국 폴란드 독일 등에서 어느 날 갑자기 재산이 몰수가 되고 강제로 추방을 당하면서 세계 곳곳을 떠돌면서 저들은 수 없는 유랑생활을 해오던 가운데 쉽게 재산을 모으고 소유하고 자신의 몸속에 지참하고 가지고 쉽게 다닐 수 있는 다이아몬드 같은 것들을 통하여 재산을 모으는 지혜를 가지게 되었다

벨기에, 오란다 같은 세계의 중심이 되는 다이아몬드 시장에서 유대인은 어디서나 아주 깊숙이 개입 되여 있다. 이스라엘에는 다이아몬드 광산이 없음에도 불구하고 오늘날과 같이 세계적으로 다이아몬드 연마 가공산업의 중심지의 하나로 우뚝 서게 된 것도 바로 그러한 이유 때문이다.

2. 땅속에 묻혀있는 광석도 갈고 닦고 연마하여야 값 비싼 다이아몬드가 된다.

　어떤 유대인이 굉장히 비싼 값을 치르고 다이아몬드를 샀다. 그러나 집에 와서 자세히 살펴보니 다이아몬드에 아주 작은 흠집이 있었다. 다이아몬드는 아주 작은 흠만 있어도 값이 뚝 떨어진다. 그는 크게 실망하여 보석상을 하는 친구들을 찾아다니며 그 다이아몬드를 보여 주었으나 모두가 머리를 가로 저으며 뾰족한 수가 없다는 것이었다. 그러던 어느 날 한 다이아몬드상의 노인을 만나게 되었다 그 노인은 "이것을 내게 이삼일 동안만 맡겨 두게. 어떤 방법이 있을지 생각해 봄세."라고 말을 하는 것이었다. 며칠이 지난 뒤에 그가 찾아가 보니 그 다이야 전문가는 다이아몬드에다 꽃을 조각해 놓았는데 흠이 있던 부분이 꽃 수염이 되어 있었다. 그래서 그는 제값을 받는 비싼 다이아몬드로 다시 소유하게 되였다.

3. 유대인들은 돈을 버는 일에는 절대로 절망을 하지를 않는다.

　이 이야기는 유대인은 돈을 정직하게 번다는 한 예이다. 그러나 중세기 성직자들은 돈뿐만 아니라 섹스에도 더러운 면이 있고 술도 마찬가지로 더러운 것이라고 가르쳐 왔다. 그러나 유대인은 돈이거나 섹스이거나 술이거나 어느 것이건 나쁜 것이라는 부정적인 태도를 취하지 않고 쓴다. 그 대신에 규율과 자기 규제로 자신의 삶을 조절하며 만들어 갔다. 중세 초기에는 교부들은 한 때 혼인을 못하게 하고 섹스를 더럽게 여기어 온 적이 있었다. 뿐만 아니라 한 때에는 돈을 꾸어 주거나 이자를 받는 것 마저 깨끗지 못한 일이라고 하여 금전대차관계를 금지시키기도 했었다. 교회가 이런 태도를 취했기 때문에 유대인은 기독교가 손대지 않은 그 영역을 찾아서 돈을 버는 방법의 수단을 찾아서 크게 뻗어나갈 수 가 있었다.

분명한 것은 진리는 변치 않는다. 그러나 진리는 전하는 방법이나 수단은 그 동안에 많이 변하여 왔다. 다시 말해서 돈을 버는 방법이나 수단은 여러 가지가 있기 때문에 한 방법을 잃으면 모든 방법을 잃은 양 포기하지 않고 다른 방법으로 그 수단이나 목적을 소유하기 때문에 그들은 절대로 돈을 버는 일에는 절망을 하지를 않는 것이다. 그래서 저들은 절망 속에서도 언제든지 희망의 답을 찾는다.

13. 창의적인 생각이
   미래의 행복을 만들어 낸다.

사람은 누구나 생각을 하면서 늙어간다. 이른 아침 일찍이 잠자리에서 일어나면서 잠자리에 들 때까지 생각을 하면서 하루를 보낸다. 그러나 그 생각이 창의력이나 새로운 미래의 꿈을 발상시키는 것이냐? 그렇지 못하느냐 하는 것이다. 허나 하나의 대수롭지 않은 작은 생각이지만 미래의 풍요를 일구어낸 생각들이 있다. 우리는 이러한 것들을 기억을 해야 할 것이다.

1. 사랑하는 애인이 입고 온 주름 치마에서 600만 달러의 아이디어를 생각하여 냈다.

미국의 조지아주에서 가난한 한 농부의 아들로 루드라는 소년이 태어났다. 초등학교를 졸업을 하고 집안이 너무나 가난하여 상급학교를 진학하지 못하고 유리병을 만드는 공장에 취직을 하게 되었다. 그런데 어느 날 코카콜라주식회사에서 코카콜라병을 현상모집 한다는 광고를 보게 되었다. 현상금은 최하 일천 달러에서 최고 일천만 달러까지였다. 루드는 최고의 학문은 연구한 사람은 아니지만 무언가 미래를 위하여 새로운 것을 만들고 싶었다. 그래서 그는 병 공장을 그만 두면서 사랑하는 애인인 제임스 주디에게 6개월 동안만 만나지 말자고 하고 새로운 디자인의 병을 만드는 일에 몰두하기 시작을 하였다.

코카콜라에서 현상 모집하는 병은 모양도 아름답고 보기보다는 양이 적게 들어가는 병을 만들어 달라는 조건들이었다. 그러나 그러한 병을 만드는 것은 여간 쉬운 일이 아니었다. 약속했던 6개월이 다 되자 어느 날 제임스 주디는 루드를 찾아 왔다. 주디의 몸의 체형이 허리의 선이 가늘고 엉덩이가 크면서도 매끄럽게 곡선이 그어진 것처럼 아름다웠기 때문에 주름치마를 입고 나온 주디에게는 통이 좁고 엉덩이선이 매끄럽고 아름답게 보였다.

루드는 그녀를 보는 순간 '야! 이것이다'. 섬광처럼 아이디어가 루드의 머리를 스쳐갔다. 그래서 그는 그 주름치마의 가려진 엉덩이와 가는 곡선의 허리를 강조하고 주름이 잡힌 병을 디자인을 하게 되었다. 회사의 요구조건대로 모양이 아름답고 예쁠 뿐만 아니라 병의 허리가 가늘고 주름이 져 있어 보기보다는 내용물이 적은 양이 들어가는 양면의 조건을 모두 충족시킨 병으로 만들어지게 되었다. 그는 견본을 만들어 코카콜라회사의 제출을 하여 600만 달러의 거액의 현상금도 타게 되었다. 그렇게 하여 여성의 엉덩이와 s라인 허리 곡선을 의미하는 코카콜라 병이 태어나게 되었던 것이다.

우리 주변에는 피와 땀을 흘리면서 많은 노력을 하면서도 실패하는 사람도 있지마는 반대로 창의적인 아이디어로 여유를 부리면서 성공적인 삶을 살아가는 사람도 흔히 볼 수가 있다. 일을 열심히 하는 것과 생산하는 것과는 다르다. 다시 말해서 고정관념을 벗어버리지 못하는 사람은 자신의 삶의 테두리를 벗어나지 못하기 때문에 늘 그 삶 그 형편을 벗어나지 못한다.

융통성과 창의성을 발상을 시키지 못하며 열심히 일은 하여도 기능적인 일의 테두리 안에 머물면서 그 이상의 꿈과 미래를 소유하지 못하며 사는 사람이 되고 만다. 이런 사람들은 습관이나 관습을 벗어버리지 못하고 그 해결 방법이 지금 내가 가지고 있는 이것 하나 뿐이라는 옛 구습의 고정관념의 범주의 틀을 벗어나지 못하고 그 속에서 스스로 자위하면서 갇혀 살아가게 된다.

2.창의적인 작은 생각이 다국적 미래 기업을 일구어 놓았다.

라디오 수리 점에서 일하던 한 소년이 날카로운 도구에 손이 찔린 것이다. 붉은 피가 낭자하게 흐르고 있었다. 수리공은 드라이버에 있는 힘을 다하여 드라이버를 돌려보았지만 빠지기커녕 나사못에 홈만 더 못쓰게 뭉겨 졌다. 라디오 수리공은 나사를 빼기 위하여 한 가지 묘안을 짜냈다.

나사의 새로운 홈을 파낸 것이다. 망가진 홈과 직각으로 홈을 파니 영락없이 십자가 모양 이였다. 그때 그 수리공은 그의 뇌리에 번득이는 아이디어가 스쳐 갔다. 이 모양대로 아예 십자형 홈의 나사를 만들어보면 어떨까? 곧바로 그는 새로운 나사를 만들기 시작을 하였다. 그리고 이 십자형 나사에 맞는 드라이버도 제작이 되였다. 새로 만든 나사를 구멍에 끼고 천천히 돌려보았다. 일자형 나사보다 훨씬 쉽게 돌아갔다. 이건 틀림없이 큰돈이 될 수가 있어! 그는 곧 바로 십자형 나사를 특허 출원을 하였고 곧이어 십자형 나사는 날개를 단 듯이 팔려 나가기 시작했다. 라디오 수선공은 공장을 세우고 그 회사 이름을 자기의 이름을 따서 필립스(Phillips) 회사이라고 지었다. 이 회사가 금세기 전 세계의 가전 제품계를 휘어잡고 있는 전자회사인 필립스(Phillips)전자회사인 것이다.

사람은 누구나 생각을 하면서 살지만 어떤 사람은 그 생각이 꿈이 되고 현실이 되어 자신들의 삶으로 나타나기도 한다. 아이쉬비치 수용소에서 대부분의 사람들은 푸른 하늘을 보며 한 숨을 지으며 철조망에 갇혀 있으면서 삶을 포기하며 절망만이 생각을 하면서 죽음을 기다리면서 죽어 갔다.

똑같은 녹 쓴 철망이지만 녹이 쓴 철망 밑에서 자라나는 새싹을 보면서 푸른 하늘을 날으는 새를 보면서 나도 언젠가는 희망의 새 생명을 싹트이며 푸른 하늘을 날아 자유를 찾을 수 있다는 희망을 갖은 사람은 결국은 자유와 행복을 찾았다는 것이다. 생각은 삶을 만들며 미래의 꿈을 만들어 주기도 한다. 그래서 히브리서 3:1에 너희는 예수만 늘 생각 하라고 했듯이 우리는 희망이 있고 풍요와 미래가 있는 예수님만 늘 생각을 하면서 늙어간다.

14. 혼기도 때가 있다.

　에덴동산 이후 사람은 수 천년동안의 긴 세월동안 옥수수를 재배하여왔다. 그러나 옥수수에 대한 신비스러운 일에 대하여 별로 아는 것이 없다. 옥수수의 수염길이는 수정 시기와 깊은 관계가 있다. 수염이 나와서 이내 수정이 되면 수염이 짧고 일기불순으로 이내 비가 오거나 태풍이 불면 수정을 하지 못해 길어진다. 그 이유는 수정이 안 된 수염은 계속 자라기 때문이다. 이것도 하나님만이 아시는 옥수수만의 특유의 현상이다.

1.식물도 사람의 남과 여가 있는 것처럼 암수가 있다.

　가을에 옥수수를 수확할 때 수염이 길면 옥수수가 잘 여물지 않았다는 증거이다. 이는 제때에 수정하지 못하므로 마냥 기다리다가 수염만

키웠던 것이다. 이런 옥수수는 껍질을 벗겨 보면 옥수수 알갱이가 꽉 차지 못하고 듬성듬성 이 빠진 것처럼 여물어 있다. 옥수수는 수염이 짧으면 짧을수록 일찍 수정되고 일찍 여물어 맛도 좋다. 수정을 일찍 했으니 충분한 시간을 두고 여물어 알은 굵고 속대는 가늘다.

2.식물도 암수가 서로 수정을 기다린다.

식물 중에 옥수수는 옥수수 수염이 생식 기관이다. 그래서 수정이 될 때까지 계속 성장하는 것은 옥수수 수염뿐이다. 모든 식물의 꽃은 개화하면 성장을 멈추고 그 이상 자라지 않는다. 이는 이미 성숙했으니 때만 기다리는 것이다. 기다리다 다행히 수컷에 꽃가루를 만나면 수분 수정을 하고 종자를 생산하지만 불행하게 수컷을 못 만나면 꽃은 시들고 떨어져 결국은 죽는다. 그러나 옥수수는 생식기가 자라면서 계속 기다린다.

옥수수 수염이 나오고 5~6cm 자라 이내 수정하면 수염은 그 이상 성장하지 않는다. 그러나 꽃가루를 완전히 차단해서 수정을 못하게 하는 경우 1주일이 지나면 40cm, 2주일이 지나면 60~80cm, 심지어 1m 가까이 자라는 것도 있다. 그러면서 옥수수 수꽃은 4~6일 먼저 피어 암꽃 피기를 기다리며 꽃가루를 완성한다. 암꽃의 수염이 나오기가 바쁘게 꽃가루를 날려 수염이 묻힌다. 꽃가루는 7~10일간 계속 날려 보내니 수염이 먼저 나온 암꽃이나 늦게 나온 암꽃이나 골고루 수정이 돼서 결실하지 못하는 암꽃이 생기는 걸 미리 예방을 한다.

3.식물도 암수 스스로가 암수 선별 능력을 가지고 있다.

옥수수 수염에 꽃가루가 날아와 묻으면 쓸만한 수컷인가를 감정을 하며 스스로 선별하는 자신의 기능을 지니고 있다. 또한 잡초나 딴 식물의 꽃가루는 전혀 받아들이지 않는다. 같은 옥수수 나무의 꽃가루보다 다른 나무의 꽃가루를 좋아한다. 이것은 될 수 만 있다면 딴 옥수수 피를 섞어보자는 개량의 생존 전략이다.

딴 옥수수나무의 꽃가루가 없거나 있다 해도 노화해서 쓸모가 없으면 차선책으로 같은 옥수수 나무의 꽃가루를 수용해서 수정을 하여 결국은 열매를 맺는다. 이렇게 맺혀진 옥수수 자루가 작은 옥수수에는 4백~5백알, 큰 것에는 7백~8백알이 달린다. 시중에서 판매하는 찰 옥수수는 대개 3백~4백 알이 달리면 아주 실하게 맺은 좋은 옥수수에 속한다. 실로 식물들도 자신의 종자를 번식 시키고자 하는 종족 본능을 놀랍게도 하나님이 만드셨던 것이다.

4. 내 혼기도 내 마음만 채우려고 고르다 보면 기회를 잃는다.

미국 인디언의 부족들은 추장의 딸들이 성숙해지면 옥수수밭으로 데리고 가서 결혼에 대한 인생 교육을 받게 한다고 한다. 추장의 딸들은 지정된 밭고랑에 서서 가장 좋은 옥수수를 하나만 따오라는 지시를 받게 되는데, 그것도 한번 지나친 옥수수는 다시 쳐다볼 수 없고 단 한번 내디딘 걸음은 후퇴할 수 없는 계속 앞을 향해 나가면서 마음에 드는 제일 좋은 옥수수를 고르는 일이다. 그런데 대부분의 추장 딸들은 옥수수를 따지 못한 채 밭고랑 끝에 와 버리는 경우가 많다고 한다. 그 이유는 좋은 옥수수가 눈에 띌 때마다 '다음에는 더 좋은 옥수수가 나타나겠지!' 하는 더 좋은 것을 바라는 욕심 때문에 따지 않고 지나치다 보니 어느새 밭고랑 끝에 와 있다.

그러나 그 때 눈에 띈 옥수수는 고랑을 지나오면서 지나쳐 버린 것보다 좋지 못하고 마음에 차지 않아 따지 않았기 때문에 결국은 빈 바구니로 끝에 이르는데 대부분의 추장의 딸들이 그러했다. 이것은 추장의 딸로서 모든 남자를 자기 마음대로 고를 수 있는 특권이 있지만 막상 고르려니 그것이 쉽지 않다는 말이다.

제일 좋은 사람을 고르겠다는 생각으로 이 사람, 저 사람, 이 조건, 저 조건 따지다 보면 웬만한 사람은 다 지나쳐 버리고 나중에는 혼기까지 놓치기 쉽다. 그리고 나이가 많아 아무하고나 결혼하자니 전에 지나쳤던 사람이 생각나고 자존심도 상하고 선을 보면 본 것만큼 눈높이만 높아지고 그리 쉽지 않다는 것을 경고해 주는 이야기다.

때를 놓친 감은 홍시라도 되지만 혼기를 놓친 젊은이는 미래의 노쇠함만 기다리므로 아름답고 향기로울 때 꽃은 꿀벌들을 불러들여 자신의 아름다움을 수정한다고 하는 탈무드의 가르침을 기억하여야 할 것이다.

제3장

가을(秋)의 인생(人生)

1. 가을 같은 중년기는 아름다운 신체적 노화의 시작이다.

2. 건강한 수컷에 아름다운 암놈이 따른다.

3. 나도 대기만성(大器晩成) 할 수 있다.

4. 따뜻한 격려의 말 한마디 노년에 희망을 열어준다.

5. 모든 질병의 발병과 치료는 생각에서부터 시작한다.

6. 뭇 남성들이 흠모하는 현숙한 여인들

7. 서로가 다르다고 틀린 것은 아니다.

8. 술이 웬수야

9. 아름답고 행복한 나

10. 약한 나를 강하게 붙들어 주는 말

11. 명품 브랜드를 좋아하는 이유

12. 인생을 아름답게 살려고 하면

13. 하나님보다 더 좋은 돈

14. 희망은 고난, 실망, 좌절을 딛고 목적을 이룬다.

가을의 인생

1080세대에 속한 모든 연령에 사람의 용모는 그 사람의 나이를 나타내주는 신체적 지표이기도 하다. 4050의 세대가 되면 나이가 드는 징표로 머리가 벗겨지며 머리카락이 희어지기 시작한다. 피부는 탄력을 잃고 근육은 힘을 잃어 쳐지고 인생의 훈장과도 같은 주름살은 더욱 뚜렷하게 패인다. 운동 감각이 둔해지고 뛰고 달리는 것이 점점 싫어진다. 또한 체중도 문제가 된다. 나이가 들면서 체중은 비만해지고 혈압이 높아지고 당뇨가 생기고 크고 작은 성인병이 찾아든다. 결국은 자연의 사계에 가을이 겨울을 준비키 위하여 가을을 아름답게 물을 드리면 그 아름다움을 서서히 잃어가듯 사람도 자신의 인생의 사계인 인간 육체는 제스스로 알아서 서서히 인생의 계절을 준비한다.

인생의 계절처럼 4050의 중년이 되면 노년을 준비하는 사계의 가을 같은 현상이 두드러지게 나타난다. 그래서 사람이 나이 4-50세이면 한창 늙어가는 중이다. 사람이 늙어 가는 과정을 막는 생물학적인 방법이나 의학적인 방법은 없다. 화장품이나 특별한 주사나 생화학적 약품은 더욱 더 없다. 나이를 먹으므로 더 중요한 것은 '내가 어떻게 살 것인가?' 하는 생각과 자세이다. '이른 봄 싹을 내고 꽃을 피울 열매를 맺는 가치 있는 생활을 할 것인가? 아니면 가을의 낙엽처럼 한 잎 두 잎 떨어져 길가에 이리 뒹굴 저리 뒹굴거리며 지나가는 행인에게 짓밟히는 인생으로 살 것인가?' 하는 것이다. 예쁘게 물든 단풍잎이 가을바람에 뒹구르는 때는 가을의 정취를 맛들이기도 한다. 하지만 자기 자신을 잃어버리고 취객처럼 비틀거리며 인생의 갈 길을 잃어버리고 방황을 하는 사람은 보기도 흉할 뿐 아니라 더욱이 꼴불견이다.

인생의 노화로 젊음은 잃지만 내면의 지혜와 정신적 경험은 더욱 더 풍성해져 간다. 그래서 가을의 인생의 나이가 되면 좀 더 적극적이고 생산적인 삶이 필요하다.

역사 문헌에 의하면 청동기 시대에는 평균연령 18년을 살았고 중세에 와서는 31세로 증가를 했고 18세기에는 37세가 되었고 1900년 초에는 그 수명이 50세였고 오늘날에는 평균 수명이 70-80세이다. 사람이 늙어 가는 노화의 과정은 피할 수가 없다. 자연의 이치이고 삶의 한 과정이기도 하다.

사람이 나이를 먹는다는 것은 하나님에게 있어서는 특별한 것이 아니다. 하나님은 젊음을 중요시 여기시지 않으신다. 모든 연령의 나이를 사랑하고 1080세대 모두 사랑하신다. 하나님은 세월의 연약함을 느끼지 않으신다.

그러므로 나이를 먹는 과정의 삶을 순환적으로 자연스럽게 받아들이고 중년의 가을의 인생을 당당하게 중년의 멋을 만들어가며 내면의 정신적인 풍성한 지혜를 아름답게 승화를 시킬 때에 중년의 가을 인생은 붉게 물들은 아름다운 가을 단풍잎처럼 인생의 즐거움과 기쁨을 더욱 뽐낼 수 가 있을 것이다.

1. 가을 같은 중년기는 아름다운 신체적 노화의 시작이다.

사람이 늙어 가는 노화의 과정은 피할 수가 있는 방법은 없다. 자연의 법칙이고 한 삶의 과정이다. 뜨거운 태양이 내려 쪼이고 푸르름이 무성한 여름, 아름다운 풀 벌레 소리가 자연천지에서 들려오는 그 여름이 있기에 우리는 가을을 맞이할 수가 있다.

1. 가을은 겨울을 준비한다.

어느덧 중년이 되어 40대가 된 사람은 한참 늙어 가는 중이다. 그 과정을 막을 수 있는 생물학적인 방법이나 의학적인 방법은 없다. 화장품 크림이나 특별한 주사나 생화학약품은 더욱이 없다. 정신적, 신체적 과정이 노화된다는 것은 사실이지만, 그러나 더욱 중요한 것은 그가 자신을 얼마나 늙었다고 생각하는가 하는 것이다.

내면적인 정신 연령이다. 어떤 사람은 살아갈 이유를 상실했기 때문에 그리고 삶에 기여하는 것이 아무 것도 없다고 생각을 하기 때문에 30-40세에도 매우 늙어 노화된 생활을 하고 있다. 그러나 어떤 사람은 자신이 아직도 이웃과 사회를 위하여 기여를 하고 있다고 믿고 있기 때문에 계속해서 매우 생산적인 자신의 삶을 살 수가 있는 것이다.

노화에 있어서 사람이 처음으로 흰머리나 주름살을 발견하게 되었을 때 삶을 아무렇게 살 것인가? 아니면 자신을 계속 가치 있게 만드는 방법으로 삶의 방법을 재구성할 것인가? 가을의 낙엽이 한 잎 두 잎 떨어질 때에 쯤에는 가을 같은 중년기에는 한 번 쯤은 생각을 할 것이다.

2. 가을 같은 중년기에는 원기 회복력은 줄지만 인간 내면의 발달성은 더욱 높아진다.

"20대에는 새벽을 지새우며 밤새도록 잠 안 자고도 그 다음날 상사나 자신이 보기에도 다른 때와 별 차이 없이 사무실에 출근을 한다. 그러나 중년기에는 자정이 지나도록 안자고 있었다면 그 다음 날 정상적인 효율성을 얻기까지 피로를 풀기에는 하루나 이틀이 걸린다. 피부에 상처가 나도 20대에는 일주일이면 치료되던 것이 40대 이후에는 보름 이상이 걸린다."

메트로폴리탄 생명보험은 "남녀를 불문하고 만성적인 신체조건에 의해 그 나이 전체 집단의 13% 이하만이 원기 왕성한 주요한 활동을 수행한다는 것이다." 라고 말한다. 반면에 중년기에 접어들면서 40세에서 60세 사이에 당뇨병이 증가한다. 보통 40대 이후에는 관절염이 생기기 시작하며, 심장발작과 내분비선이 쇠약해지는 문제 등이 생길 가능성이 증가하면서 자신도 모르는 사이에 성인병이 살며시 찾아든다. 그래서 가을 같은 중년기에 접어들면 자기관리를 필요로 한다. 이는 자기 관리도 중년이 되면 삶의 한 방법이기 때문이다

용모는 나이를 나타내주는 가장 눈에 띄는 신체적 지표이다. 이제 그의 머리는 벗겨지고 머리가 희어지기 시작한다. 그의 피부는 탄력을 잃고, 주름살이 더 뚜렷해진다. 근육은 더 늘어지게 되고, 관절들이 뻣뻣해져서 덜 자연스럽게 움직이게 된다. 그래서 뛰고 달리기 등 움직이는 운동이 싫어지고 그러다 보니 걷는 것이 멀어지게 된다. 체중도 문제가 된다.

그의 몸에서 지방의 비율이 증가한다. 비만이 생기고 혈압이 높아지고 당뇨가 생기며 크고 작은 질병들은 발달된 성인병이 끌어들인다 "한 연구는 지방이 젊은 사람의 경우에는 몸무게의 9.8%인데, 40대에는 21%로 증가한다는 것이다." 가을은 겨울을 준비하기 위하여 나무들은 자신의 나무의 나뭇잎을 물들이며 그리고 한 잎 두 잎 떨어져 나무뿌리의 지표면을 나무스스로 덮는다. 그리고 겨울을 건강하게 지내면서 다시 꽃이 피는 봄을 맞이한다. 중년의 노화도 노년을 준비하는 가을 같은 아름다운 과정이다.

3. 나이 먹는 중년의 노화에 대하여 하나님은 관심이 없으시다.

하나님 편에서는 사람이 나이를 먹는다는 것은 아무것도 아니다. 하나님은 10대든 20대, 40대, 70대든 나이를 상관 않고 똑같이 사랑을

하시기 때문이다. 그리고 하나님의 나라는 시집도 장가도 아니 가고 세월 흐름의 연약함을 느낄 수가 없기 때문이다. 시대가 변함에 따라 사람의 기대수명이 증가되어 왔다. 예를 들면, 청동기 시대에는 사람이 평균 18년을 살았고, 고대 그리스에서는 20년을 살았다고 한다. 중세에는 기대수명이 31세로 증가했고, 18세기에는 37세가 되었으며, 1900년에 이르러는 평균수명은 50세였다. 오늘날 기대수명은 70-80세 정도이다.

만약 사람이 정신적으로 보다 신체적으로 더 노화된다는 것이 사실이라면, 중년기에는 신체적인 힘에 의존하는 것 보다 정신적 능력을 개발시키는 쪽으로 삶의 힘을 모으는 것이 필요하다. 이는 사람이 나이를 먹는다는 것은 하나님에게 있어서는 특별한 것이 아니다. 하나님은 기본적으로 젊음을 중시하지 않는다. 그는 모든 나이의 사람들을 사랑하고, 계속 그들의 삶을 만족하고 생산적이 되도록 돌보신다.

나이 들어가는 과정을 삶의 순화적인 것으로 자연스럽게 받아들이고, 중년의 노화를 당당하고도 아름답게 중년의 멋을 만들어가며 에너지를 정신적인 능력 쪽으로 전환시킬 때 가을 같은 아름다운 중년의 위기를 기쁨과 즐거움의 나날을 보낼 수가 있기 때문이다.

2. 건강한 수컷에
아름다운 암놈이 따른다.

아프리카에는 투우사 개구리라는 동물이 살고 있다. 이 개구리들은 수컷이 집을 짓고 암컷이 알을 낳아 놓으면 낳아 놓은 그 알을 보호한다. 그러다 보니 암컷은 건강하고 튼튼한 수컷을 자기의 배우자로 선택하려고 한다.

그래서 투우사 개구리는 암놈이 숫놈을 선택을 할 때에 구애 기간에 꼼짝 않고 앉아 있는 수컷에 고의로 힘껏 밀어 부딪쳐 본다. 암컷에 부딪혀 흔들리거나 뒤로 물러서거나 넘어가는 수컷에는 뒤를 돌아보지 않고 서둘러 다른 짝을 찾아 떠나 버리고 만다. 암놈은 수컷에 부딪쳐 봄으로써 그 수컷이 나와 내 알을 얼마나 지켜 줄 수가 있는 힘이 있는가를 테스트를 하는 것이다.

결국은 동물의 세계에서도 튼튼하고 힘이 세어야 한다는 것이다. 코끼리 물개는 50%의 수컷이 85%의 암컷을 거느린다. 금수의 세계에서도 강한 자만이 살아남는다는 것이다. 강한 자가 되려고 하면 우선 건강하여야 한다. 사람이나 동물들도 건강하려면 몇 가지의 선행조건들을 이행을 하여야 한다.

1. 잘 먹어야 한다. 그러나 과식은 금물이다.

과일이나 채소 그리고 물은 많이 먹을수록 좋다. 가뭄에 때를 따라 내린 비는 단비가 된다. 그러나 비가 오되 너무나 많은 비가 오면 홍수로 변한다. 그리고 밭과 논 자연까지도 파괴한다.

그래서 모든 것이 적당해야 한다. 음식도 적당히 먹어야 한다. 과식을 하면 배탈이 나고 설사를 하게 된다. 예를 들어 조미료 가운데 매일 빼놓을 수 없는 것이 식염이다. 식염 중에 들어 있는 성분 중에 특히 나트륨은 위액의 분비를 촉진시키고 소화를 돕거나 체액을 알카리성으로 유지하게 하는 등 사람의 생리 기능상 필요한 미네랄이다.

그러나 과잉 섭취하면 혈압을 상승시켜 동맥경화증을 불러일으킨다. 나트륨성분은 체내의 수분을 빨아드리는 역할을 하는데 수분을 흡수하는 분량만큼 심장의 박동수도 상승하게 한다.

반대로 채소 과일 우유 콩 등은 칼륨성분으로 칼륨은 미네랄로서 이러한 나트륨의 작용과는 반대로 칼륨은 체외로 수분을 배출하는 작용을 함으로 칼륨이 많은 음식과 염분을 함께 섭취하면 상호작용으로 건강을 저변 확대시켜 준다.

지나치게 많이 먹어 과식을 하면 배탈이 난다. 그래서 좋다고 많이 먹는다고 모두가 좋은 것은 결코 아니다. 잘 먹어야 한다.

2. 먹은 것만큼 사용하라. 그렇지 않으면 잃어버린다.

　모든 생물은 에너지와 조직의 원료가 필요하다. 그러한 모든 생물들은 생명의 유지뿐 아니라 운동하고 회복하고 성장하기 위하여 또 다른 조직이나 종족보존을 위하여 에너지를 필요로 한다. 동물인가 식물인가에 따라서 에너지 원료를 구입하는 것이 다르다. 대개 식물들은 비생물인 무기물에서 구한다. 흙과 공기 중에서 화학물질을 축출하여 햇빛의 도움을 받아 에너지를 합성 생성하여 낸다. 동물들은 이러한 과정들을 취할 수 없으므로 먹을 수 있는 식물이나 동물 또는 기성식품을 통하여 얻는다.

　사람의 몸에 필요한 에너지는 지방, 비타민, 무기질과 수분이다. 그런데 우리들의 이러한 모든 것들은 식품 중에서 필요한 것들을 섭취한다. 활동 에너지로는 탄수화물, 단백질, 지방이 필요로 하다. 성장과 회복에는 단백질, 무기질, 수분 등이 필요로 하다. 몸의 조절을 위하여서는 단백질, 무기질, 비타민, 수분 또한 필요하다. 이러한 모든 영양소는 잘 먹은 만큼이나 몸에 축적이 되며 축적된 영양소는 반드시 사용이 되어야 한다. 사용되지 않아 축적이 된 에너지는 몸을 비대케 하는 비만을 만들고 고혈압과 당뇨 등의 성인병을 유발시켜 건강을 잃어버리게 한다.

3. 튼튼한 몸의 건강은 규칙적인 운동이 지름길이다.

　운동에는 근육을 붙이는 운동과 지방을 없애는 운동이 있다. 근육

살을 붙이고 튼튼하게 하는 것은 운동선수들이 하는 운동들이다. 격렬한 운동을 하려면 운동선수는 반드시 근육 살이 필요하다. 근육 살을 붙이는 파워 트레이닝은 무거운 역기를 들어 올리고 발 빠른 질주를 하는 육상경주 운동들이다. 그러나 가볍고 부드러운 운동들이 지방을 없애준다. 가벼운 운동들이 활성 산소를 만들어 낸다. 비만을 없애는 가벼운 운동으로 워킹(working), 등산하기, 체조, 수영 등이 있다. 미국의 병원에서는 활성산소 운동이라고 걷기 운동을 많이 시킨다. 그래서 이른 아침이면 그린 팍에 나아와서 걷고 뛰고 체조하는 모습들을 쉽게 볼 수 있다.

4. 영적 건강에도 원칙이 있다.

하나님의 말씀을 잘 먹어야 한다. 매일 규칙적으로 먹어야 한다. 먹은 말씀을 잘 소화를 시키기 위하여 말씀의 실천이 따라야 한다. 즉 말씀을 삶에 적용하는 것이 필요하다. 유리병 속에만 있는 약은 나의 건강에 아무 도움도 되지 않는다. 먹은 말씀이 나의 삶으로 나타나야 된다. 그래서 영적 건강을 위하여서는 하나님의 말씀 사역에 참여하여야 한다. 즉 봉사, 전도, 헌신 등이 뒤 따라야 한다. 움직이지 아니하는 팔과 다리는 건강할 수 가 없다. 팔이 부러졌다고 오래 동안 깁스를 하여 붙잡아 두었다가 나중에 풀면 팔이 잘 움직여 주지 않듯 활동하지 않는 영적 지체들은 건강하여 질 수가 없다. 성도는 영적으로 건강하여야 시험에서도 이겨낼 수가 있고 가정과 교회를 위하여 열심히 일하는 건강한 성도가 되어 내일을 준비하는 아름다운 성도가 될 수 있다.

3. 나도 대기만성(大器晩成)
할 수 있다.

    아프리카의 개척자인 리빙스톤은 사람은 이 땅에 아무렇게 태어나는 것이 아니라 그 무엇인가 그 사람이 하여야 할 일 즉 사명이 있기 때문에 태어난다고 했다.

1. 역사의 인물들은 그냥 태어나는 것이 아니라 노력과 인내 그리고 투지라는 용기(用器)를 통하여 만들어진다.

    서기(西紀)가 시작되던 초기에 유대왕국은 무너지고 로마제국의 식민지가 되어 버렸다. 그 당시 예루살렘에는 카르바 사추아 라 하는 한 사람의 유대인 부호가 살고 있었다. 재산이 많은 그는 넓은 목장에서 많은 양떼들을 방목하고 있었다. 그 목장의 한 목동들 중 한 명이 아키바 펜 요셉이라는 청년이 있었다. 그는 정직하고 근면한 사내였지만 몹시 가난하여 어디 한군데도 이렇다 할 특징이 없는 평범한 청년이었다.

그런데도 연애에는 뛰어난 감각의 재질이 있어서 그는 얼토당토않은 일을 저질렀다. 그 대 부호의 아름다운 딸 타게르가 그것도 누더기 옷으로 몸을 감고 있는 목동 아키바와 사랑에 깊이 빠지고 만 것이다. 물론 아가씨의 아버지가 그것을 허락할 까닭이 없었다. 그래서 결국 이 두 젊은이들은 사랑을 위하여 혈륜을 버리고 두 사람의 사랑의 도피처를 찾아 고향과 목장을 버리고 떠나 버렸다. 노발대발 한 그녀의 아버지는 딸 타게르와 의절을 선언하고 가문에서 제명해 버렸다.

동서양을 막론하고 사랑의 도피행각을 떠도는 사람들의 신세란 뻔한 것이었다. 두 사람 사이에는 아이가 생기고 안정된 생활을 갖지 못한 이들에게는 그로 인하여 고통스러운 생활은 그 날 그 날의 연명에도 곤란을 받게 되었다. 아키바는 여기 저기 육체노동의 일거리를 찾아 헤맸다. 아이는 점점 자라 학교에 입학 할 나이가 되었다.

2. 생각은 사람의 삶의 운명을 만들기도 한다.

어느 날 아키바는 일거리를 찾지 못한 채 길을 헤매다 지쳐 어느 시내 여울 가에 앉아 쉬고 있다. 아이는 학교에 들어가 공부를 하여 벌써 글을 읽고 쓰고 하는데 아비인 자신은 글 한자를 읽기는커녕 쓰지도 못하였다.

아내 타게르의 고운 자태도 가난에 찌 들린 채 살다보니 그녀의 아름다움도 어디론지 사라져 버리고 완전히 생활고에 찌 들린 거지꼴이 되어버려 말이 아니었다. 눈앞이 캄캄했다. 이런 생각에 아키바는 깊은 한숨을 땅이 꺼지게 내쉬며 시내의 여울져 흐르는 물을 뜻 없이 바라보고 있었다. 거기에는 큰 바위가 있었는데 물이 내리지르는 곳은 그 바위가 움푹 파여 있었다.

'몇 백년, 몇 천년을 한군데로만 물이 쏟아 닿는 곳이라 저렇게 패여 졌겠지?' 하고 그는 생각했다. 순간 번개 같은 그의 생각이 그의 머릿속에 스쳤다. '나 같은 사람이라도 쉬지 않고 공부를 한다면 머릿속에 학문이 박혀 저 물에 파인 바위처럼 나의 기억에도 학문이 남게 될 것이리라.' 생각했다. 거기서 그는 자기 아들과 함께 학교에 들어갈 것을 결심하였다. 아내 타게르도 이에 찬성하였다. 이때가 아키바의 나이 40세였다고 한다. 이렇게 하여 그는 아들과 함께 공부를 시작을 하게 되었다. 절차탁마(切嗟琢磨)처럼 옥석을 쪼고 갈고 하듯 사람이 덕을 쌓고 학문을 이루기 위해 전심전력을 다하였다. 그는 뒤 늦게 학문을 연구했지마는 훗날에 그는 유대의 역사에 남는 유명한 랍비요 대학자가 되었던 것이다.

3. 우공이산(愚公移山)은 사람만이 이루는 성공이다

옛날 북한산에 우공이 나이가 90세가 되어 자기 집 앞에 우뚝 솟은 산을 딴 곳으로 옮기려고 키와 삼태기로 그 산 흙을 담아 날랐다고 한다. 이를 본 하곡의 지수라는 늙은이가 "이보게 우공, 당신의 나아가 얼마라고 이 산을 옮긴다고 하는가?" 이때 우공은 "내 나이 90이지만 내가 죽을 지라도 나를 이어 자자손손이 이 산을 무너트린다면 어찌 이 산을 옮길 수가 없다고 하겠는가?"

결국은 인생의 성공은 나이가 젊다고 기다려주지 않고 인생의 나이가 많다고 비켜가지 않는다 결국은 힘쓰고 애쓰고 노력하는 자의 것이 된다.

4. 따뜻한 격려의 말 한마디
노년에 희망을 열어준다

마르코니는 어릴 때 성장하면서 남다르게 기계 만지기를 아주 좋아했다. 12세 때 그 탁월함을 인정받아 당대의 유명한 과학자인 리기 교수의 지도를 받게 되었다.

1. 실망과 좌절은 누구나 한다.

마르코니는 전선 없이 전신을 보내는 무선 전신에 대하여 대단한 흥미를 가지고 있었다. 그때 당시는 선(線)이 없는 통신 무선전신이란 거의 불가능한 일이었다. 그럼에도 그는 가능성을 가지고 도전했다. 몇 번이고 다시 도전 할 수 있었던 것은 리기 교수의 따뜻한 격려 덕분이었다. 마르코니는 눈이 오나 비가 오나 오직 한 가지에만 몰두하면서 무선 전신의 연구에 정열을 쏟았다. 그렇게 해서 10년째 되던 해에 그 동안 연구한 것을 토대로 다시 실험해 보기로 했다. 그러나 수신기에 는 아무런 반응이 나타나지 않았다. 마르코니는 뼈저린 아픔과 허탈감 으로 깊은 좌절감을 맛보아야만 했다.

2. 따뜻한 격려의 말 한마디가 한 인생의 성공의 미래의 문을 열어준다.

10년 동안의 노력이 한순간에 수포로 돌아가는 순간이었다. 그때 리 기 교수가 다가왔다.

"어떻게 되었니?"

"선생님, 실패했습니다. 벌써 열아홉 번째 실패인데요."

마르코니는 힘없이 말했다. 리기 교수는 마르코니의 어깨를 따스하 게 감싸 안으면서 이렇게 말했다.

"그래, 그렇게 정성을 쏟았는데 실패라니? 실패란 성공의 한 과정이 기도 하니까. 자, 우리 다시 한 번 더 시작해 보자." 마르코니는 리기교 수의 격려의 말 한마디의 용기를 얻어 다시 시작하기로 마음의 용기를 얻는다.

리기 교수는 직접 기계를 만지기 시작했다. 실험 준비가 끝나고 다 시 실험을 시작했다. 마르코니는 가슴을 조이며 떨리는 손으로 살며 시 발신기의 단추를 눌렀다. 그때 "뿌지직" 소리를 내며 수신기가 울 렸다.

"아! 드디어 성공이다. 마르코니, 대성공이야!"

"선생님, 정말입니까?"

　선생님의 따뜻한 격려의 말 한마디가 마르코니의 미래의 성공적 인생의 문을 열어 주었다.

　이렇게 해서 발명된 그의 무선 전신기는 통신 산업에 엄청난 발전과 변화를 주었고 지금 우리가 선이 없이 통화를 하게 되는 통신의 기초를 낳았다. 그리고 그 공로를 인정받아 마르코니는 1909년 세계 노벨 물리학상을 받았다.

3. 절망 중인 상황에서 절망하지 않는 믿음을 가지고 사는 것은 이미 절반은 성공을 하고 있는 것이다.

　스웨덴의 명가수 린드는 음성이 아름답고 매력적인 노래로 대단한 찬사를 받은 사람이었다. 그녀는 스웨덴뿐 아니라 영국의 런던, 프랑스의 파리, 비엔나, 독일의 베를린, 미국의 뉴욕에 이르기까지 아름다운 노래로 세계를 깜짝 놀라게 했다. 그녀의 목소리가 얼마나 아름다운지 그녀의 노래를 듣는 사람들마다 황홀한 찬사를 보내기에 바빴다.

　그러나 알고 보면 그녀의 어린 시절은 아주 불행하였다. 그녀는 어릴 때 늘 방안에 갇혀 지냈고 그녀를 돌보던 유모는 밖에서 문을 잠그고 나갔다. 불쌍한 제니(린드)는 창문 밖을 쳐다보며 눈물을 지으면서 보냈지만 그래도 노래를 부르는 것이 즐거워 노래 소리를 듣거나 노래를 부르면서 그녀는 슬픔이나 근심을 잊고 즐거움으로 유일한 소일거리를 삼았다.

　하루는 권위 있는 음악가가 제니의 홀로 있던 집 곁을 지나면서 어린 소녀의 노래 소리를 듣게 되었다. 음악가는 제니를 보고, "너는 타고난 천혜의 아름다운 목소리를 가졌구나?” 몇 해 동안 창밖을 보면서 혼자 노래를 부르던 중 그녀의 다져진 훌륭한 음성을 알아 본 음악가에 의해 발탁되었다. 그의 지도로 결국은 세계적인 가수가 되었다.

우리에게 불행 중 가장 큰 불행은 자기 자신이 희망을 잃고 사는 것이다. 그러나 절망적인 상황에서도 실망하지도 않고 자신의 미래를 위하여 따뜻한 말 한마디로 위로와 격려, 용기를 심어주는 말로 과거와 현재 그리고 미래를 만들어 가는 해피메이커가 되자.

5. 모든 일은 생각에서부터 시작한다.

　주머니에 몇 푼의 돈이 들어 있어 두둑하면 때가 되도 배고픈지 모른다. 그러나 돈이 떨어지면 배고픈 것이 유난히 서럽게 느껴지고 시장끼가 맴돈다. 돈 없이 빈 주머니로 친구를 만날 때는 호주머니가 두둑했을 때에 비해 더 스트레스를 받게 된다. 돈이 없으면 내 돈 나갈 일이 그 만큼 적어질 터인데도 스트레스를 더 받게 되는 이유는 무엇일까? 무엇을 할 것인지, 무엇을 먹을 것인지를 빈 주머니 찬 사람은 상대의 눈치를 봐 가며 상대가 내 문제를 해결하여 주기를 가슴 조이며 기다려야 하며 내 스스로 결정하기가 어렵기 때문이다. 주머니가 비어 있으면 내가 하고 싶은 것도 적극적이지 못하며 소극적이 된다. 그래서 못한다고 부정할 수밖에 없다.

　그래서 사람은 가진 것이 없으면 움추려 들고 쪼그라든다. 그럴수록 늘 미래를 열어 가는 긍정적인 생각을 하여야 한다. 자신을 부정하거나 상실감에 빠지지 않도록 더욱 긍정적인 열정의 삶을 열어가야 할 것이다. 이유는 절망은 곧 죽음을 이끌고 오기 때문이다.

1. 포기하면 나을 수 있는 병도 안 낫는다.

긍정적 사고의 상실은 신체적인 질병의 발병과 회복에도 큰 영향을 미친다. 최근 의학계에서는 신체적인 질병과 개인의 성격 특성간의 관계를 밝히는 연구가 활발히 진행되고 있다. 심리학자 페팅게일은 암 환자들을 대상으로 그들의 병에 대한 태도와 사망률을 분석했다. 유방암을 앓고 있는 여자환자들 중 암을 극복하기 위해 치밀하게 계획을 세우고 그것이 가능하다고 믿는 환자들과 모든 것을 포기하고 절망하는 환자들의 수술 후 사망률을 비교해 본 결과 매우 뚜렷한 차이가 나타났다. 자신이 병을 극복해 낼 수 있다고 생각했던 긍정적인 환자는 환자의 71%가 생존했으며 절망감에 빠졌던 환자는 겨우19%만이 살아남았다.

사람의 생각이 생존과 운명을 바꾸어 놓는 것이다. 그래서 질병의 치료는 생각에서부터 시작이 된다고 했다.

2. 긍정적인 생각이 건강과 장수를 결정한다.

앨런과 로댕이라는 두 심리학자는 노인들이 스스로를 긍정적인 생각을 하는 생활을 했을 때, 얼마나 더 건강하고 오래 살 수 있는지를 알아

보았다. 그들은 양로원에 거주하는 노인들을 대상으로 연구를 했는데 한 조건에서는 거주자들이 선택할 수 있는 여지를 제공해 주었다. 원하는 것은 무엇이든지 만들어 먹을 수 있으며 식사도 자기가 원하는 것을 선택할 수 있되 각 자가 하루 전에 주문해 줄 것을 요구했다.

주 중에는 영화상영이 있는데 미리 예약을 해서 원하는 영화를 볼 수 있으며 양로원에서 키우고 있는 화초 중 원하는 것을 뽑아 가서 직접 키워도 좋다고 했다. 또 다른 조건에서는 똑같은 시설에 식사 메뉴와 사용할 수 있는 복지시설도 비슷했다. 그러나 선택권에 있어서는 많은 제약을 두었다. 정해진 메뉴의 식사를 해야 하며 영화 관람도 방의 배치에 따라 각기 정해진 날에 보도록 했다. 화초도 간호사가 뽑아다 주고 관리도 간호사가 해 줄 것이라고 말했다.

두 조건에 거주하는 노인들은 객관적인 측면에서는 비슷한 혜택을 받았다. 단지 전자의 경우에는 노인들이 스스로 선택할 수 있는 여지가 더 많다는 것이 차이점이었다. 즉 노인들에게 뭔가를 스스로 결정할 수 있는 스스로의 통제력을 보너스로 준 셈이다. 이런 원칙을 고수하게 한 지 18개월이 지난 다음, 연구자들은 양로원을 다시 찾았다. 어떠한 변화가 일어 났을까? 아는 결과이다. 여러 가지 측면에서 자율적인 생활을 할 수 있었던 조건의 노인들이 훨씬 더 행복해하고 능동적으로 살아가고 있음을 확인했다. 게다가 다른 조건의 노인들보다 사망자 수도 훨씬 적었다.

3. 모든 질병의 발병과 치료는 생각에서부터 출발한다.

선택의 권리와 긍정적 생각과 희망의 행사가 수명을 연장시킬 수 있

었던 것이다. 그러나 스스로 할 수 없는 통제와 무력감은 수명을 단축
시킬 수 있음을 보여 주는 결과였다.

　삶은 자기 스스로 만들어 가는 것이다. 그곳에는 자유와 선택이 있
다. 그래서 불행한 사람은 갖지 못한 것을 사모하고 행복한 사람은 갖
고 있는 것을 느끼며 생각을 하며 미래를 열어 간다.

6. 뭇 남성들이 흠모하는
현숙한 여인들

　세 사람의 건장한 청년이 하늘나라에 이르게 되었다. 이 사람들은 이어 지옥 문 앞에 다다르게 되었다. 이들은 하나님의 심판대 앞에 서게 된 것이다. 심판대 앞의 행위록에 죄가 기록이 되어 있었다. 어떻게 기록이 되었는가를 가서 들여다보니 행동으로 지은 죄는 큰 글자로 기록이 되어 있고 말로 지은 죄는 깨알 같은 작은 글자로 기록이 되어 있고 마음으로 지은 죄는 처음부터 까만 글자로 덮여 있어 시커먼 종이처럼 보여 '이젠 큰일 났구나' 걱정에 매여 고민하고 있으면서도 천국 문으로 들어가고 싶었다.

　사내 세 사람이 천국 문으로 들어가려고 했지만 문 앞에서부터 그만 거절을 당하고 말았다. 모두들 수명이 다하기 전에 너무나 일찍이 올라오게 되었으므로 다시 지상에 내려가서 인생의 연한을 다 채우고 오라는 것이었다. 그러면서 하는 말이 우리의 실수도 없지 않으므로 한 가지씩 소원을 들어 주겠다는 것이었다.

1. 현숙한 여인은 권력이나 재물보다도 더 크고 소중한 것이다.

첫 번째 사내가 소원을 말했다. "저에게 권력을 주십시오." 그러자 그까짓 것이 뭐가 그리 중요 하느냐는 듯이 얼마든지 권세를 누리다 때가 오면 오라고 돌려보냈다. 두 번째 사내는 요구했다. "나에게 재물을 좀 주십시오." 그랬더니 남은 기간 동안 쓰면 얼마나 쓰겠느냐며 "좋다"고 했다. 세 번째 사내가 다가서며 말했다. "소원을 말하기 전에 한 가지 묻겠습니다. 정말로 뭐든지 줄 수 있는 것입니까?" 그랬더니 "나를 뭘로 아느냐?"며 화를 내는 것이었다. "그렇다면 나에게 현숙한 여인을 주십시오." 했더니 "현숙한 여인이 어떤 여인이냐?" 되묻는 것이었다.

사내는 성경에서 배운 대로 주섬주섬 현숙한 여인상을 그려내기 시작하였다. "현숙한 여인은 일평생 남편에게 선을 행하고 남편을 해치지 않는다. 그녀는 양털과 삼을 구해 부지런히 일하며 상선처럼 먼데서 양식을 가져오고 날이 밝기도 전에 일찍 일어나서 가족들을 위해 아침식사를 준비하며 여종에게 할 일을 일러주고 나가서 밭을 보고 생각해 두었다가 그것을 사며 자기가 번 돈으로 포도원을 만들고 언제나 강인하고 근면하며 열심히 일한다." 채 말을 맺기도 전에 그 정도면 되느냐고 사내의 이야기를 가로막았다. "아니 더 있습니다." 그러면서 사내는 계속 기억을 더듬어 갔다. "현숙한 여인은 자기 침실을 아름답게 꾸미며 아름답고 고운 모시옷과 자색 옷을 입습니다. 그녀는 능력과 품위가 있고 앞날을 걱정하지 않으며 말을 지혜롭고 친절하게 하고 자기 집안일을 잘 보살피며 놀고 먹지 않는다.”

그 이야기를 듣기도 전에 하늘 문지기는 고개를 살래살래 흔드는 것이 아닌가. 놀란 사내가 “왜 안 된다는 말입니까?” 라고 따지는데 별 도리가 없는 것이었다. 너무 단호했기 때문이었다. 사내가 그렇다면 이유나 알자고 하자 돌려주는 말이 이러했다.

“야! 이 녀석아! 그런 여자가 있으면 내가 데리고 살지, 널 주겠느냐?”

사내는 그제서야 “누가 현숙한 아내를 얻겠느냐 그녀는 진주보다 더 소중하다”.(잠31:10)는 말을 깨달을 수 있었다고 한다.

2. 현숙한 여인은 변화시키는 그 내조자(內助者)이다.

어느 한 마을에 한 부부가 살고 있었다. 삐뚤어진 성격차로 부부는 서로 이혼을 하게 되었다. 얼마 후에 남자는 동네에 한 여인과 결혼을 했다. 그 여인은 성격이 까다롭고 변덕이 심하고 수다스럽고 게으른 여인이었다. 몇 년을 살고 보니 남자도 어느덧 게으르고 수다스러운 남자가 되어 있었다. 전 남편이 이미 결혼했으므로 여자도 주변 사람들의 성화에 못 이겨 서둘러 결혼을 하게 되었다. 이 여인은 이 마을에 제일가는 술주정뱅이요 성격이 거칠고 고약한 부랑아와 결혼을 하였다. 얼마 후 보니 이 남자는 성격이 착하고 선량한 신사가 되어있었다. 누구에 의하여 두 남자가 변화되어 있었을까?

어느 한 마을에 히브리 여인과 이방인 남자와 결혼을 하여 살면서 한 해가 지나자 이들은 곧 자녀를 낳았다. 그 자녀는 그 인종의 씨가 이방인의 씨였지만 자라서 어느덧 의젓한 히브리 남자가 되어 있었다. 그 이웃동네에 역시 히브리 남자와 이방인 여자와 결혼을 하여 아들을 낳았다. 이들은 히브리씨를 가진 히브리 사람의 아들이었지만 어느덧 세월이 흘러 그 아들이 성장하여 보니 이미 성숙한 이방인의 남자가 되어 있었다.

중국의 서진이라는 사람은 "남자는 천하를 움직이지만 남자의 마음을 움직이는 사람은 여자"라고 했다. 『현모양처』라는 고어가 있다. 남편이 잘 되는 것은 아내에게 있고 자녀가 훌륭하게 되는 것은 어머니에게 있다는 것이다. 결국은 여자가 남편들을 변화시키는 남자들의 인생의 지렛대 역할을 한다는 것이다.

결국, 여자가 변하면 남편도 변하고 자녀도 변할 수 있다는 것이다. 한 가정의 아내는 그 변화를 이끌어 내어주는 지렛대와 같은 바로 그 내조자 자신이라는 것이다.

7. 서로가 다르다고
틀린 것은 아니다.

　사람은 저마다 성장하여 온 배경이나 과정 그리고 문화가 다르다.
그러다 보니 생각과 견해 그리고 삶에 대한 방법이 다른 경우가 많다.
한 가지 사물이나 문제를 놓고도 차이가 매우 크게 나타난다.

**1. 긍정과 부정, Yes and No 도 문화 차이에 따라서 그 표현 방법
　이 각각 다르다.**

　Nod-sake ~ 끄덕이고 가로젓기: 많은 사람들은 머리를 위 아래로
끄덕이는 행동은 긍정을, 좌우로 흔드는 행동은 부정으로 의미한다.
같은 유럽이라도 포루투칼, 스페인, 스칸디나비아 등은 주로 이러한
인사법을 많이 사용한다.

Dip-toss~ 숙이고 젖히기: 머리를 뚜렷이 앞으로 숙이면 긍정이고 머리를 뒤로 젖히면 부정이 된다. 이 같은 의사 표현의 방법은 그리스, 터키, 이탈리아 등에서 주로 사용 한다고 한다. 이렇게 문화의 차이에 따라서 표현 방법은 그 차이가 크기도 하다.

마찬가지로 얼마 전에 필자는 현실적인 생활문화 차이 때문에 갈등과 고통을 받고 있는 한 교우의 이야기를 들은 적이 있다. 그녀의 문제는 물질적인 것이 문제가 아니었다. 그녀도 역시 우리들처럼 문화적인 차이로 생활의 골이 파여 가기 시작하였다.

그녀는 자기 남편을 사랑하였다. 그러나 그들 부부는 지적 문화의 취향이 서로 맞질 않았다. 그녀의 남편은 일간지의 경제면과 스포츠면을 읽는 것으로 만족해했다. 하지만 그녀는 문학에 관심이 있었고 좋은 책이라면 무엇이든지 닥치는 대로 읽어댔다. 그녀의 남편은 음악회에 가는 것을 싫어했지만 그녀는 그것을 무척 좋아했다. 그녀는 그림을 썩 잘 그렸으나 그녀의 남편은 그림을 그리려는 자기 아내의 노력을 비웃었다. 하지만 그녀는 남편의 비웃음에 개의치 않았다.

그녀는 자기 남편이 대체로 지적인 것을 싫어하나 친절하고 열심히 일하는 정직한 사람이라고 생각했다. 그녀는 텔레비전을 시청하되 미식축구도 열심히 보았다. 그녀의 문제는 그녀가 자기 남편에 대해 불만을 가지고 있다는 데 있었다기보다는 그녀가 사랑하는 어떤 사람과 좋아하는 것을 함께 나누고 싶은 마음의 갈증을 느끼고 있다는데 있었다. 자그마한 마음의 갈등이 생활 차이의 골을 조금씩 패어져 가기 시작 되었다.

서로의 차이를 이해하지 못하면서도 안타까워하면서도 다른 사람들에게 자신을 잘 이해해 줄 것을 요구한다. 이것은 언뜻 당연해 보이지만 사실은 무리한 요구인 것이다. 오래 동안 익혀져온 습관이자 생활의 문화를 바꾸거나 버리는 것은 그리 쉽지 않기 때문이다. 그럼에도 불구하고 우리는 이러한 관계 속에서 살아가기 때문에 서로를 어느 정도 이해하지 않고는 관계 유지가 어려워진다. 특별히 가족관계 안에서도 남편과 아내가 자신의 관점만을 주장하거나 자녀와의 관계에서 부모의 생각만을 주장하게 되면 이는 문제가 아닐 수 없다. 가족관계 안에서 일어나는 많은 문제들은 서로의 태도와 의견의 차이를 용납하지 못하기 때문에 발생한다. 가족 구성원 한 사람 한 사람이 서로를 좀 더 이해할 수 있다면 가족관계는 지금보다는 내일을 훨씬 더 아름답게 유지될 것이며 만들며 열어 갈 것이다.

2. 남, 여의 생리의 구성이 서로가 다르기 때문에 서로의 필요의 조화를 이루기 위하여 서로가 서로를 필요로 한다.

"해와 달과 바람"이라는 이솝우화가 있다. 어느 날 해와 달이 말씨름을 하게 되었다. 해가 말을 먼저 했다. "나뭇잎은 초록색이다." 그러자 달이 대꾸를 했다. "아니야, 나뭇잎은 은빛이야. 그리고 사람들은 언제나 잠만 잔다." 그때 해가 "아니야! 사람들은 항상 움직이던데, 무슨 잠을 자니?"하고 화를 냈다. 달도 덩달아 화를 냈다. "그럼, 사람들이 움직이는데 왜 땅이 그리 조용하냐?"

그때 갑자기 바람이 나타나서 딱하다는 듯이 말을 했다.

"나는 하늘에 해가 떠 있을 때나 달이 떠 있을 때나 세상을 다녀봐서 잘 안다. 해가 세상을 비추는 낮에는 해가 말한 대로 세상이 시끄럽고,

그럼에도 불구하고 우리는 우리의 자녀가 그리고 배우자가 나와 다르게 생각하고, 느끼고, 표현하며, 행동하는 것을 허용하지 못할 때가 너무나 많다. 즉, 나와 다르면 나를 반대하는 줄로만 여기고 반대한다고 싫어하고 욕하고 미워한다. 서로가 다른 것이 조화를 이루면 더욱 아름답다. 오케스트라는 수십 종의 크고 작은 악기 그리고 각자 다른 모형의 악기 다른 소리를 내는 악기들이 모여서 장엄하고 아름다운 선율의 소리로 수많은 관중들의 박수를 받는다. 그래서 다르다고 틀린 것만은 아니다.

8. 술이 웬수야

　스파르타 사람들은 노예에게 술을 먹인 후 연회장에 끌고 들어와서, 그 노예들이 술이 취한 모습을 연출하는 추태를 청년들에게 보여주며 술 취한 자는 저렇게 된다고 교훈을 했다고 한다. 불경인 팔만대장경에서도 "술은 번뇌의 아버지이며 더러운 것의 어머니"라고 했다.

1. 최초의 술은 행복과 즐거움을 주기 위하여 만들어 졌다.

　유대인의 탈무드에 의하면, 이 세상 최초의 인간이 포도나무를 열심히 땀을 흘리며 심고 있었다. 이 때 악마가 찾아와서 "무엇을 하고 있느냐?"고 묻는 말에, 인간이 "멋진 식물을 심고 있어"라고 대답했다, 악마는 "이런 식물을 본 일이 없는데"라고 중얼거렸다. 이때 인간은 악마에게 "이 나무엔 아주 달콤하고 맛있는 열매가 열리는데 그것으로 즙을 짜서 마시면 기분이 묘하게 되고 아주 달콤하고 좋은 행복감을 느끼게 될 것이다."라고 말했다. 이 말을 들은 악마는 그렇다면 자기도 한 몫 끼워달라고 말하면서 양과 사자와 돼지와 원숭이를 잡아다가 죽이고 그 피로 비료를 대신해 거름이 되도록 쏟아 부었다.

네 마리 짐승의 피가 거름이 되어 자라난 포도나무에서 풍성한 포도 열매가 먹음직스럽게 열렸다. 그리고 그 포도 열매를 따서 포도주, 즉 술을 만들어 냈다. 그래서 그 술을 마시는 사람은 누구나 처음에 마시기 시작할 때는 양처럼 순하게 술을 마신다. 그러나 좀 더 마시면 사자처럼 강포해져서 행패를 부리게 되고, 그 보다 술을 좀 더 마시면 돼지처럼 더럽고 추하게 되어 어디가 어디인지 공간지력을 상실해버리고 돼지처럼 그만 길거리에 또는 진흙탕물에 뒹굴게 된다. 그러다가 좀 더 마시면 원숭이처럼 춤추고 노래 부르며 신이 나서 원숭이처럼 별의별 흉내를 내면서 원숭이처럼 논다는 것이다.

어느 영국인은 「프랑스의 병」이라는 책 속에서 프랑스가 병들어가고 있는 이유를, 첫째 무리한 콩코드 비행기의 제작, 둘째 너무 많이 마시는 술, 셋째 도덕적 무책임 때문이라고 지적했다.

2. 지나친 과음은 화내고 슬피 울게 하고, 생각의 조리를 잃고 자기를 세상 밖으로 던지게 한다.

술에는 세 가지의 취마(醉魔)가 있다 첫째는 화내는 것이요, 둘째는 슬퍼서 우는 것이요, 셋째는 생각의 조리를 잃어버리고 횡설수설하는 것이라고 한다. 그래서 술이 취하면 덤벼들고 싸운다. 무엇이 슬픈지 마냥 못 다한 설음을 달래며 운다. 그리고 누가 들어주지도 아니하는 데 고래고래 소리 지르며 고성방가 한다.

3. 광기에 묻힌 술은 결국 가계대계(家系大系)를 무너트리고 그 가계(家系)를 멸망시킨다.

어느 주일 아침 미국에 이민 간 지 10여 년 되는 교포 부부가 간단한 말다툼을 하고 있었다. 남편은 "일 주일 동안 쌓였던 스트레스를 해소하기 위해 다른 친구 부부들과 바닷가에 놀러가자."는 것이었고, 부인은 "그래도 명색이 교회 집사라는 사람이 어떻게 교회에 안 가고 놀러 갈 수 있느냐?"는 것이었다.

남편의 주장도 옳았고 부인의 주장도 옳았다. 우리네 생활도 마찬가지지만, 이민 생활이란 그 실상을 깊이 이해하지 못하는 사람들은 이해하기 어려울 만큼 피곤하다. 그리고 미국인의 생활 자체가 즐기기 위해 돈 벌고 번 돈으로 생을 즐기고 다시 쓴 돈을 갚기 위해 일하는 생활을 반복하기 때문에 주말이나 연휴가 끼게 되면 저마다 앞을 다투어 산으로, 바다로 나가곤 한다. 그런 생활에 젖어버린 교포들이 찾아 친구네와 소풍을 나가자는 것은 있을 수 있는 일이었다.

남편의 완강한 고집을 꺾을 수 없다고 판단한 부인도 남편과 함께 바닷가로 따라 나갔다. 끝없이 펼쳐진 바닷가, 울창하게 우거진 나무숲, 푸른 잔디밭에 다섯 쌍의 부부들이 짐을 풀고 가져간 고기를 굽고 밥을 짓고 식사를 했다. 그리고 으레 뒤따르기 마련인 양주를 주거니

받거니 마셨다. 온 종일 먹고 마시고 떠드는 사이에 하루해가 저물어 돌아가기 위해 짐을 꾸렸다. 그런데 특히 그녀의 남편은 술이 과한 나머지 취기가 깊었다. 친구들이 걱정이 되서 "운전할 수 있겠느냐?"라고 하자, 그는 "이 정도는 문제도 되지 않는다."면서 일행과 함께 바닷가를 떠났다. 30분쯤 고속도로를 달리다가 컨테이너 트럭과 부딪쳤다. 부인은 현장에서 죽었고 남편은 병원으로 옮기던 도중 길에서 죽었다. 같은 날 부부의 장례식을 마치고 난 후 그 장례식에 참석했던 사람들이 남긴 두 마디는 "주일날 교회에 갔더라면 명운을 달리 했을터인데" 하는 후회하는 말과 "술이 웬수야"라는 말이었다.

9. 아름답고 행복한 나

이기주의적 사고방식은 나르시시즘인 Narcissism 즉 自己만을 사랑하는 병이 강한 사람에게서 나타난다. 이런 사람들의 증후군이 공주병, 왕자병으로 자기도취적 성격장애로 이어지기도 한다.

1.나도 좋아 할 수 없는 나(自我)를 가지고 사는 사람들이 있다.

이런 사람들은 다음과 같은 몇 가지 증후군의 현상들을 가지고 산다. 첫째가 자기가 특별한 사람이라고 믿고 남들에게도 그렇게 대해주기를 요구한다. 최고의 의사 유명한 헤어디자이너를 찾아다니며 스스로 최고라고 자랑한다. 둘째는 특별한 사람이기에 특별한 대접을 받으려고 하며 최고의 찬사와 감탄을 요구한다. 셋째는 능력과 외모를 자랑하여야 직성이 풀린다. 자신의 잘난점과 능력을 많은 사람들이 부러워하고 감탄할 것이라고 스스로 상상하며 산다. 거울 앞에서도 언제나 "난 왜 그리 잘 났을까?"를 먼저 생각한다. 넷째, 다른 사람을 무시하며 감정과 욕구를 이해하지 못한다. 다른 사람의 관심이 오직 자신에게만 쏠려야 하기 때문에 자신의 관심을 갖는 분야에만 집중을 한다. 그리고 공감능력이 결여되어 있기 때문에 남들이 겪는 애로사항이나 갈등을 전혀 이해하지 못한다. 다섯 번째는 강자에게는 약하고 약자에게는 강하다. 약자로부터는 복종과 순종을 요구하면서 자존심을 고양시키고 거만함과 거들먹을 떨기도 한다. 그러나 강자 앞에서는 애교를 부리며 굽실거리며 아첨하게 된다.

이러한 성격의 삶을 살기 때문에 사람들은 그를 기피하고 싫어한다. 그러나 자신은 자기애에 깊이 빠져 있기 때문에 자신의 일그러진 자화상의 모습을 모르고 살기도 한다. 우리는 함께 살다가 보면 일그러진 자신의 자화상을 발견하고 어쩌다가 내 모습이 이 모양이 되었을까? 자신의 모습이 밉기도 하고 저주스럽기도 하면서 나 자신도 싫어하는 나를 나 자신이 붙잡고 몸부림을 칠 때가 많이 있다.

2. 우리들은 남도 나를 싫어하는 또 다른 나를 가지고 사는 사람도 있다.

다른 사람들이 나를 싫어하는 이유들이 있다. 첫째는 경제적인 피해를 주면 사람들은 다들 싫어한다. 물질적인 손해를 입히면 그 물질의 피해를 내가 보상하거나 짊어져야 하기 때문이다. 그 피해를 입은 것만큼 나는 물질적인 보상에 댓가를 고통이나 어려움으로 이어져서 나는 그 만큼 힘이 들거나 고통 속에서 오늘을 살면서 내일의 행복이 늦고 더디게 내게 오기 때문이다. 둘째는 마음의 고통을 주고 마음의 여유러움을 빼앗아 간 사람을 싫어한다. 물질의 손상이나 경제파탄은 가정행복의 고통을 주기도 한다. 이로 인하여 보금자리를 잃고 헐벗고 굶주리게 되면 나는 나 스스로 그를 미워하고 더 나아가서 마음의 평안과 기쁨도 잃어버리게 된다. 그래서 나의 평안과 행복을 빼앗아갔다고 싫어한다. 셋째는 다른 사람과 나와의 아름다운 관계를 파괴시킨 사람을 싫어한다. 사랑하는 사람을 다른 사람에게 빼앗겼거나 부모나 자녀의 생명을 빼앗아 간 사람을 싫어한다. 행복을 빼앗아 간 원수라고 생각하기 때문이다. 그래서 미움과 저주 속에서 나도 나를 싫어 하지만 남도 나를 싫어하는 가운데서 나 자신 속에 숨어 있는 또 다른 나와 살아야 하기 때문에 내가 나를 더욱 싫어하는 것이다.

3.남도 나를 좋아하고 나도 나를 좋아하는 가운데서 살아가는 사람들이 있다.

남도 나를 좋아하고 나도 나를 좋아하는 사람의 이야기가 동화의 아버지인 안델센의 동화속에 나온다.

어느 시골의 늙은 농부 내외가 살고 있었다. 그 집의 재산이라고는 말 한 필뿐이었다. 할머니는 남편에게 장에 가서 이 말을 팔거나 그렇지 않으면 더 좋은 것으로 바꾸어 오라고 했다. 그런데 할아버지는 장에 가서 그만 썩은 사과 한 부대로 바꾸어 가지고 돌아온다. 이것을 본 한 부자는 "어째서 그렇게 어리석은 일을 했느냐?" 집에 돌아가면 틀림없이 부인에게 야단을 맞을 것이라 생각하면서 내기를 했다. 노인은 집에 들어서자 부인에게 바꾸어온 자초지정의 이야기를 했다. "처음에는 말과 젖소를 바꾸었지? 당신의 건강을 생각을 했어. 난 늘 생각을 하기를 언제나 매일 아침마다 따듯한 우유를 사랑하는 당신에게 줄 수 있을까? 생각하면서 지내 왔지!" "이제는 우유를 마음껏 먹게 되었으니 고맙지요".

"그런데 다시 젖소를 양과 바꾸었소. 이유는 암소 젖을 매일아침 마다 당신이 짜는데 당신에게 너무나 힘이 들까봐 그래서 나는 당신을 위해서 양털과 젖을 쉽게 얻을 수 있는 양으로 바꾸어 왔지?"라는 남편의 말에 그 아내는 "그건 참 더 좋은 일이네요. 참 고마워요."그러자 또 남편은 말하기를 "그런데 난 그걸 암탉과 바꾸었지? 그 암탉은 알을 낳고 그 따듯한 알을 당신이 매일 아침마다 먹을 수 있으니 그래서 나는 양과 암탉을 또 바꾸었지? 그런데 집으로 돌아오던 중 집 앞 길목에서 사과 장수를 만났지. 그때 나는 당신이 사과를 늘 먹고 싶어 하는 당신 생각이 너무나 나서 암탉과 사과를 바꾸었지" "그렇다면 더 칭찬을 해야겠네요?"

부인은 좋아서 어쩔 줄 몰라 했다. "너무나 고마워요." 말과 젖소로 시작한 사랑의 관심은 썩은 사과의 사랑으로 열매를 맺는다. 남도 좋고 나도 좋아하는 아름답고 행복한 부부의 이야기는 우리들의 이야기 나의 이야기이어야 한다.

아내를 위하여 그 비싼 젖소를 팔아 아내가 좋아하는 사과로 바꾸어 오는 남편의 마음, 그 남편의 마음을 이해하고 용납하여주는 아내의 사랑, 행복한 부부의 모습이다.

10. 약한 나를
강하게 붙들어 주는 말

    벳세다 들녘에서의 오병이어의 역사는 예수님께 바쳐진 물고기 두 마리 보리떡 다섯개가 어떻게 우리에게 축복으로 되돌아오는지를 잘 보여주고 있다. 오병이어의 이야기 두 마리의 물고기 용어 속에는 우리들에게 의미를 남겨주는 큰 뜻이 있다.

    물고기라고 할 때에는 「다가」라는 용어와 「이쿠수스」라는 단어를 사용한다. 갈릴리 호수에서 고기들을 잡으면 어부들은 바닷가로 나아와서 잡은 고기들 중에 큰 고기와 작은 고기를 추려낸다. 큰 고기는 집으로 가지고 돌아가고 너무나 작아서 먹을 수 없는 고기는 해변가에 버리고 돌아간다.

    먹을 수도 없고 쓸 수도 없어 버려지는 고기가 바로 「이쿠수스」고기라고 한다. 벳세다 들녘에서 예수님께 바쳐진 그 고기가 바로 그와 같은 단어 속에 숨겨져 뜻 없이 버려지는 말이나 무심코 내어 뱉어 버리는 말들을 「이쿠수스」라고 한다. 반대로「다가」란 말은 큰 의미와 큰 뜻을 가지고 있다는 말이다. 「다가」라는 말은 우리들의 사회 속에서 중요하게만 사용이 된다. 우리는 나이를 먹으며 황혼기에 이르러 무심코 뱉어버린 말로써 마음의 상처를 주고 실망하는 말들을 서로 주고받고 할 때가 너무나도 많다. 마치 작은 고기가 버려지듯이 말로 상처를 주면서 토설되어지는 경우가 많다. 의사가 무시되며 인격은 짓밟히며 타다 버려지는 부지깽이처럼 버려질 때가 많다. 그래서 말은 온 몸의 굴레를 씌운다고 한다.

1.같은 말일지라도 부드럽게 하여야 한다.

“부드러운 혀는 뼈를 꺾느니라.” (잠25:15)

유대의 탈무드에 이런 이야기가 전래되어 내려오고 있다. 한 랍비가 제자들을 저녁식사에 초대하였다. 정성껏 마련한 음식상을 내밀면서 “정성껏 차렸으니 맛있게 많이 먹기를 바라네.” 제자들은 스승이 만든 별미인지라 선생님에 대한 감사를 표시하고 맛있게 먹기를 시작하였다. 그런데 제자들은 진수성찬으로 차려진 음식가운데 아주 맛이 있는 음식을 발견하였다. 바로 혀로 만든 요리였다. 소의 혀, 양의 혀, 사자의 혀, 개의 혀, 말의 혀 등 각종 혀들로 만들어진 음식이 그렇게 많았다. 그런데 어떤 혀는 딱딱하고 맛이 없었다. 그러나 어떤 혀는 부드럽고 특히 한 맛이 있었다. 제자들은 부드러운 혀의 음식으로 손이 자꾸만 갔다. 그러다 보니 순식간에 혀로 만든 음식이 없어졌다. 이 광경을 바라보고 있던 랍비가 말하였다.

“자네들도 자신의 혀들을 부드럽게 가지게나. 혀를 부드럽게 놀리면 말도 부드러워져서 그 말을 듣는 사람들의 마음들도 부드러워 진다네. 그러나 그렇지 못하고 부드러운 혀를 사지고 딱딱하게 놀리면 듣는 사람들의 마음들도 딱딱하고 거칠어져서 사람들의 마음들도 딱딱하고 거칠어지고 불쾌하고 노엽게 만든다네.”

결국은 나의 입을 통하여서 표현되어지는 부드러운 말은 살기와 분노의 뼈까지 깎는다는 것이다.

2.용기와 위로로 사람을 붙잡아 주는 말을 하여야 한다.

성경은 다음과 같이 말하고 있다. “넘어져 가는 자를 말로 붙들어 주었고 무릎이 약한 자를 강하게 하였거늘”(욥4:4) “북풍이 비를 일으킴 같이 참소 하는 혀는 사람의 얼굴에 분을 일으키느니라”(잠25:23)

말은 인생을 위로하여 주기도 하며 일으켜 주고 붙잡아 주기도 한다는 것이다.

3.경우의 합당한 말을 하여야 한다.

“경우에 합당한 말은 아로새긴 은 쟁반의 금 사과니라”(잠25:11)

말을 많이 한다고 말 잘하는 것이 아니라 환경과 일 상황의 맞는 경우의 말들을 일컬어 하는 말이다. 잔치 집에서 초상집의 이야기를 하면 이것이 곧 경우에 어긋나는 말인데 잔치 집에서는 잔치 집에 대한 얘기 즉 축하와 기쁨, 즐거움의 이야기들이 아로새긴 은 쟁반에 금 사과와 같은 경우의 합당한 이야기이다.

4. 말을 아끼며 깊이 생각하는 말을 하여야 한다.

"말이 많으면 허물을 면키 어려우나"(잠10:19). "의인의 마음은 대답할 말을 깊이 생각하여도 악인은 악을 쏟느니라"(잠15:28).

사람이 말이 많으면 허물을 면키 어려우며 실수가 많다는 것이다. 그래서 선생 된 자들은 말을 조심하라고 했다. 이는 실수가 많기 때문이다. 그리고 무심코 토설 하는 말이 아니라 깊이 생각하고 멀리 바라보고 높이가 있는 이야기를 하여야 한다.

그러므로 우리는 「이쿠수스」와 「다가」와 같은 크고 작은말 상처를 주는 말 위로와 용기를 주는 말을 동시에 한 입으로 하며 살고 있기 때문에 할 수 만 있으면 「다가」와 같은 큰 의미와 뜻을 지닌 칭찬의 말들은 황혼기에 살아가며 더욱 많이 하며 살아야 한다.

11. 유명 명품을 좋아하는 이유

　심리학자인 샬디니(Cialdind, R. B.)는 미식 축구 경기 시즌 중에 자기 대학의 이름이나 마크가 인쇄된 옷을 입고 등교하는 학생의 수를 그 대학이 시합에 이겼을 때와 졌을 때를 비교하여 조사해 보았다. 생각했던 대로 이겼을 때 그 옷을 입은 학생이 훨씬 많았다.

　또 다른 실험에서는 텔레마킹 조사라는 명목으로 학생들에게 전화를 걸어 "이번 시즌의 첫 번째 시합에서 당신 대학의 팀이 이겼습니까?"라고 물었다. 그리고 그 질문에 대답할 때 "우리는"이라고 말하는지 아닌지를 조사했다. 역시 이 실험에서도 자기 대학이 이겼을 때는 36%의 학생이 "우리는 이겼다."라고 대답한 데 비해, 졌을 때는 "우리는 졌다"라고 대답한 학생은 18%밖에 되지 않았다. "그들은 졌다."라는 식으로 시합 결과를 객관적으로 말할 뿐이었다.

1. 사람은 누구나 자신을 남에게 과시하며 나타내려는 영욕의 욕망의 심리를 가지고 있다

　이 실험은 무엇인가 가치 있는 것을 자신과 결부시킴으로써 그 영예를 공유하려고 하는 인간의 심리를 우리에게 잘 보여 주고 있다. 예를 들면, 선조가 양반이었다는 것을 자랑하는 사람, 유명한 사람의 사인을 보여 주면서 의기양양해 하는 사람, 고향 출신인 저명인사의 이름을 들먹이면서 뽐내는 사람은 모두 그런 심리를 가지고 있었다. 이것을 간접적 자기 제시(間接的自己提示)라고 한다.

　간접적 자기 제시에는 특별한 의미를 상징하는 물건으로 표현 또는 소유하는 방법도 있다. 액세서리, 의복, 여자들은 다른 사람과의 차별화 된 화장술 남자들은 다른 사람과의 튀는 머리 염색법, 자동차 등 눈에 띄는 물건은 자기 제시를 위한 좋은 수단이 되는데, 상품의 브랜드가 효과가 있는 것도 그것이 무언가를 상징적으로 가치와 의미를 부여하기 때문이다.

　예를 들어, 어떤 전자 제품 회사는 낭비를 줄인다는 취지에서 작고 싼 기능형의 전기세탁기를 새로 발매했으나 크게 실패한 적이 있다. 작다는 점에서는 혼수 용품에 어울리지 못하고, 싸다는 점에서는 '돈 없는 사람들이나 쓰는 값싼 물건' 으로 인식되고 말았기 때문이다. 또 어떤 식품 회사는 인스턴트 케이크 가루를 발매했다. 물을 붓고 저어서 구우면 곧 케이크가 된다는 간편함을 판매 전략으로 삼았는데도 좀처럼 매상이 오르지 않았다. 그 원인을 조사해 보니까 케이크 가루의 구매자인 주부들은 '인스턴트식품은 게으른 사람들이나 쓰는 것이다.' 라는 생각을 가지고 있었기 때문이다. 그래서 계란을 넣어 사용하라고 선전했더니, 같은 상품인데도 매상이 크게 늘어났다. 싸고 편리하다는 것만으로는 소비자의 허영심을 만족시켜 줄 수 없다는 것이다. 물질적인 가치로 자신의 가치를 표현하는 사람들이 있기 때문이다

2. 자기 자신의 건강한 자아를 가지지 못한 사람일수록 간접적 자기 제시를 많이 한다.

자존심이 낮은 사람일수록 '간접적 자기 제시'를 많이 한다. '형님은 일류 기업의 간부이며, 동생은 일류 대학 출신'이라는 것을 내세우며 은근히 자기는 일등 신랑감이라는 것을 뽐내는 남성이 있다. 그러나 신부에게는 그런 가족보다는 신랑감 본인이 더 중요하다. 가족은 어떻다 할지라도 자기를 실현하고자 하는 강한 의지를 신랑감이 가질 때 신부는 그를 높이 평가한다. 주위 사람이나 물건을 통하여 자신의 후광(後光)을 나타내려는 사람은 오히려 약한 사람으로 밖에는 비치지 않는 것이다. 그래서 성령으로 거듭난 자기 자아가 필요하다. 영의 사람이 되어야 한다. 성령으로 거듭난 건강한 자기 자아를 가지지 못할 때에 예수를 모른다고 부인하는 베드로의 변덕스러운 모습, 가롯 유다의 물질 탐심의 눈이 어두워서 자신의 스승이었던 예수 그리스도를 파는 변질된 모습을 보면서 나 자신의 자아는 얼마나 건강한 자아인가? 를 되돌아보아야 할 것이다.

12. 인생을 아름답게 살려고 하면

　길은 많다. 그럼에도 사람들은 새로운 길은 잘 가려고 하지 않는다. 그래서 사람들이 항상 다닌 길로만 다니려고만 한다. 그 길은 많은 사람들이 이미 다녀간 길이기에 쉽고도 편하게 다닐 수 있기 때문이다. 인생의 삶도 그 삶의 방법이 아주 다양하다. 인생도 인생이란 길을 만드는 사람만이 그 길을 갈 수가 있다.

1. 해결방법이 하나라는 생각을 버려라

　융통성이 있는 사람은 사람을 대 할 때나 일을 할 때나 한 가지 방법만 고집하지 않는다. 안양에서 서울을 갈 수 있는 방법은 외곽순환 고속도로도 있고 국도1번 도로도 있고 전철이나 기차 그리고 과천으로 돌아가는 길도 있다. 인생의 문제를 풀어 가는 길에도 드러나지 않고 숨겨져 있는 다양한 방법들이 많이 있는 것이다. 내 자신이 늘 생각하고 사용하던 방법이 안 된다고 모든 방법들이 안 되는 것은 결코 아니기 때문에 나 말고 다른 사람의 방법으로도 문제 해결의 길을 갈 수가 있기 때문이다.

2. 때로는 뒤집어 보거나 거꾸로 생각하여 보라

　우리가 대인 관계에서도 인사는 아랫사람이 윗사람에게 먼저 하는 것이 상식이다. 그러나 당신이 먼저 아랫사람에게 인사를 하여 보라. 전자의 경우보다 두 배 이상의 효과를 거둘 수 있을 것이다 "자살"이란 말을 뒤집으면 "살자" 란 말이 되듯 해결되지 않는 많은 문제는 뒤집으므로 해결될 경우가 많다.

3. 모든 매사의 일에 긍정적인 생각으로 대안을 찾으라.

　사람들은 변화를 좋아하면서 그 변화를 따르려고 하지 않는다. 대개 안정이 된 사람들은 이 변화로 말미암아 자신의 안정된 환경에 불이익의 변화가 오지 않을까 두려워하면서 변화를 꺼리는 것이다. 그러면서 핑계대기를 이대로도 좋은데, 내가 너무 부족하여서, 나에게는 아직 능력 부족이야, 그러면서 다가오는 변화에 마음의 문을 닫는 것이다.
　러시아의 한 사내아이가 태어났다. 소년은 점점 성장하면서 자신의 외모에 열등의식을 심하게 갖게 되었다. 너무나 넓은 코, 두텁고 크게 찢어진 입술 그리고 작은 눈과 짝짝이가 된 긴 팔다리, 소년은 외모 때문에 항상 많은 사람들 앞에서는 컴플렉스를 느끼면서 주변 사람들의 눈치만 보면서 살게 되었다.

그러면서 그는 하나님께 나아가서 기도를 드렸다. '하나님, 하나님이여 나에게 기적을 베푸시옵소서. 나의 외모를 아름답게 변화를 시켜 주옵소서. 그러면 나의 모든 일생을 바쳐서 하나님께 헌신하며 기쁘시게 하여 드리겠습니다.'

소년은 열심히 기도하였으나 아무런 변화도 일어나지 않았다. 그는 성장하면서 문학에 대한 관심과 타고난 문학적 감각의 기질이 나타나기 시작을 하였다. 그러면서 점점 자신의 외적 외모보다 자신의 내면에 남이 갖고 있지 아니하는 문학적 감각이 넘치는 것에 대하여 오히려 자신감을 갖고 외적 열등의식을 점점 잊어가면서 역시 사람의 아름다움은 외적인 것에 있는 것이 아니라 진정한 아름다움이란 내면에 있다는 것을 알게 된다. 그가 훗날에 러시아의 대 문호가 된 톨스토이다. 많은 역사가 흘렀지만 그를 못생긴 사람으로 기억하는 사람은 아무도 없다. 모든 매사에 아름답고 긍정적인 것을 찾아서 인생의 아름다움을 지니고 사는 삶이 되어야 한다.

4. 때로는 무식하게 생각하라.

식자우환(識字優患)이라는 말이 있다. 아는 것이 때로는 일을 그릇치고 오히려 도움이 안 된다는 뜻이다. 그래서 학식이 많고 머리에 든

지식이 많은 사람들은 옳고 그름에 대한 저울질을 하다가 신속히 결정을 하여야 할 시기를 잃어버려서 일을 그릇되게 망칠 때가 많다. 환율을 따지고 감가 계산을 하고 소득의 분배 이율을 적용하면서 계산하며 따지다 보면 일의 시기와 사람과의 관계를 잃을 때가 많은 것이다. 그러나 조금 모자라고 무식한 사람은 가능성만 있으면 쉽게 결정을 하고 덤벼든다. 그래서 "무식하면 용감하다." 란 말이 있다. 계산적이고 따지는 것이 결코 나쁜 일은 아니나 결코 그 일만이 정답은 아닌 것이기 때문이다.

5. 입장과 형편을 바꾸어 놓고 생각하고 이해를 하라.

　요즘은 고도의 기술로 만들어진 제품이라 할지라도 소비자의 입장을 고려하지 아니하면 제품이 잘 팔려나가지 않는다. 제품을 생산하여도 생산된 제품을 구입하여 사용하는 이들은 구매 고객이기 때문이다. 그 구매 고객의 관심에 따라 제품 생산의 명암이 엇갈리기 때문이다. 자동차 왕으로 유명한 헨리 포드는 "내게 성공의 비밀이 있다면 그것은 다른 사람의 입장을 이해하고 사물을 다른 사람의 시각으로 바라보는 것이다." 라고 했다. 만든 사람의 입장이 아니라 사용하는 구매자의 입장이다. 제품을 구입하여 주고 사용하는 사람은 고객이기 때문이다. 고객을 이해하지 못하고서는 영업도 산업도 성공하지 못한다. 그래서 주인은 언제나 사용자의 입장을 기억하고 이해하여야 할 것이다. 그래서 인간관계를 이해하지 못하고서는 우리들의 미래를 언제나 준비할 수가 없는 것이다.

13. 하나님보다 더 좋은 돈

　부귀와 영화 지혜의 왕 이였던 솔로몬 왕은 다음과 같은 두 가지 죽기 전에 달라고 기도를 아침, 저녁으로 드려 왔다고 한다.

　첫째는 허탄과 거짓말을 내게서 멀리하게 하옵시고 둘째는 가난하게도 마옵시고 부하게도 마옵시고 오직 필요한 양식을 내게 먹이시옵소서. 이는 혹 내가 배불러서 하나님을 모른다 여호와가 누구냐 할까 하오며 혹 내가 가난하여 도적질을 할까 하나님의 이름을 욕되게 할까 두려워함이로다. (잠30:7-9)

　우리는 이 글을 읽으면서 물질에 대하여 자신의 대하여 삶을 어떻게 가져야 할까를 말해주고 있음을 알게 된다.

1. 재물은 날개를 내어 독수리처럼 날아가리라

　재물은 내가 원해도 내 곁을 떠날 때에는 날개를 단 듯이 하늘을 날아

가리라고 했다. 지금으로부터 24년 전인 1977년도 송보화라는 할머니가 당시 20억여 원의 재산을 소유하고 있었는데 6천만 원을 사기를 당하자 혼자서 크게 상심을 하다가 결국은 극약을 먹고 스스로 목숨을 끊고야 말았다. 이 할머니는 1·4후퇴 때 단신으로 월남해 부산 국제시장에서 노점상을, 생선가게 또는 옷 장사를 하면서 돈을 모으게 되었다.

그녀는 억척 같이 돈을 모아 부산 창신동에 빌딩이 4채나 되고 현금을 1억원, 그리고 매달 집세가 2000여만 원이 들어오고 또 은행 이자로 많은 돈을 모았다. 그러나 자신의 생활비는 단 돈 몇 만원으로 생활비를 하면서 모은 돈은 모두를 은행에 적금을 하였다. 이웃 사람에 의하면 그는 아침저녁을 국수로 끼니를 때우며 이어갔다.

한번 호주머니에 돈이 들어갔다고 하면 나올 줄 모르는 소문난 구두쇠 할머니였다. 그에게 양자의 아들이 한사람 있었는데 사업 자금을 한 푼도 주지 않으려고 자주 싸웠다고 한다. 심지어 양자에게 상속을 물려주지 않기 위해서 파출소에 가서 문의하기를 양자를 구속시키는 방법이 없느냐고 질문하기도 했다. 자살하기 며칠 전만 해도 이웃 다른 건물주들을 찾아다니면서 집세를 올리자고 하기까지 하였다. 그는 돈을 자신보다도 더 중요하게 여겼고 아들보다도 더 사랑했고 돈이라면 이웃도 의리도 모르는 재물 최고주의. 그는 돈을 상전처럼 모시고 살다가 돈의 종이 되고 돈을 아까워하다가 결국 그 돈을 써 보지도 못하고 자살을 하고 말았다.

돈을 머니(Money)라고 하는데 Moneta "하나님을 의지하라" 뜻이다. 그래서 미국 사람들의 화폐에는 「We trust in God」, 이라는 문구가 적혀 있다. 이 말은 우리는 하나님을 신뢰한다. 즉 돈 중심의 인생을 사는 것이 아니라 돈보다 하나님을 신뢰하는 믿음으로 산다는 것이다.

2. 재물이 있는 곳에 네 마음도 있다

　서울 삼표 연탄 주식회사 사장 정영섭 씨가 쓴 「돈 벌레」라는 글을 신동아 70년 6월호에서 읽어본 일이 있다. 이 글의 주인공인 정우영씨는 돈이 인생의 목표 인 것처럼 살았다. 정우영씨의 인생의 경우를 보면 첫째 포목상을 하여 많은 돈을 벌기는 하였으나 쓰는 것이 아까워 점심을 매일 싸구려 10원짜리 우동 한 그릇으로 때우면서 살아왔다. 그분은 그 후에 착실한 고리대금업으로 전환해서 더욱 많은 돈을 모았는데 6·25동란으로 대구에 피난을 가게 되자 피를 말려가면서 번 돈을 회수할 수 없게 되어 결국 피난지인 대구에서 영양실조로 객사하고 말았다.　그는 평생을 돈을 모으고 이를 지키느라 하룻밤이라도 편안히 잠들어 보지 못했고, 마음 놓고 먹어보지도 못했다. 누더기를 걸친 걸인보다도 그의 인생은 사실상 불행한 것이었다고 개탄한 내용이다.

　두 번째의 경우는 자기 친구로서 근검절약과 피나는 노력으로 구화 100억 원 이상의 재산을 모았는데 그는 자기도 모르는 사이, 돈의 노예가 되어 있었다. 일 백억 원만 되면 자선사업을 하겠다고 자기 나름의 목표를 세웠는데 막상 100억 재산이 되니 200억을 벌어 놓고 사회사업을 하겠다고 계획을 변경했다. 그의 재산이 200억이 넘자 그의 입에서는 다시는 사회사업이란 말이 나오지 않았다.

3. 돈 때문에 불행한 죽음을 갖는 사람이 되지 말고 돈을 가지고 풍요롭고 아름다운 인생이 되어야 한다.

　그는 수전노가 되어 돈 버는 데만 혈안이 되었다. 어쩌다가 술자리에서 취미가 뭐냐는 질문을 받으면 선뜻 돈 모으는 것이라고 대답할 정도였다. 급기야 그는 간경화증으로 서울대학병원에 입원하게 되었다. 그의 병명은 부자답지 않게 과로와 영양실조였다. 돈을 관리하고 돈을 쫓다보니 잠도 제대로 못 자고, 입맛이 떨어져 먹을 것도 제대로 먹지 못하여 생긴 병이었다. 그는 하루에 계란 한 개도 넘기지 못하고 주사약으로만 연명하여 피골이 상접하여 가면서도 돈을 못 잊어 연연해하였다. 그는 병원의 자기 침대 밑에도 천만원대의 보증수표를 깔아놓고 베개 속에도 현금과 고액의 보증수표를 숨겨두었다. 마치 돈을 지키기 위해 그의 꺼져가는 생명의 마지막 불꽃이 타고 있는 듯하였다.

하루는 주치의가 좋은 말로 그의 병세를 위로하자 그는 당시 금액으로 3천만 원을 희사할 뜻을 밝히며 자기와 같이 간경화증으로 고생하는 많은 사람들을 위해 간암센터의 건립을 부탁했지만 결국 약속한 3천만 원은 끝내 내놓지 않고 이에 대한 한마디 유언도 없이 그는 죽고 말았다.

성경은 딤전 6:10에 "돈을 사랑함은 일만 악의 뿌리가 되나니", 사랑하는 것과 좋아하는 것과는 차이가 있다. 좋아하는 것은 언제든지 싫으면 버릴 수 가 있는 것이고 사랑하는 것은 싫어도 버릴 수 가 없는 것이다. 마치 어린 아이가 장난감을 가지고 재미있게 놀다가 싫으면 언제든지 버리고 되돌아오듯 성도들은 돈을 좋아해도 사랑하여서는 아니 된다. 이는 일만 악의 뿌리가 되기 때문이다. 그리고 돈을 위하여 사는 인생이 아니라 하나님의 영광을 위한 인생이 되어야 한다.

14. 희망은 고난 실망 절망
좌절을 딛고 목적을 이룬다

1967년 이스라엘 총리로 연립 내각을 이끌었던 여자 정치가가 있었다. 그녀는 여자의 몸으로서 중동 평화를 위해서 많은 애를 써 왔다. 누구보다도 이스라엘이 중동 국가 사이에서 위기를 격고 있는 격동기에서 지혜롭고 열심 있는 국정으로 이스라엘 국가와 국민을 위해 헌신을 해 왔다.

1. 인간만사에는 새옹지마(塞翁之馬)가 있다.

그녀의 이름이 바로 그 유명한 골다 메이어 총리이다. 사람들은 그녀가 죽은 후에야 그녀가 12년 동안 이미 백혈병을 앓고 있었다는 사실을 뒤늦게 알았다. 때때로 골다 메이어 총리는 자기의 아픔에 대해서 이렇게 말했다고 한다.

"내 얼굴이 못생긴 것이 참으로 다행이다. 내가 다른 사람과 비교하여 못났기에 나 자신의 열등의식 때문에 나는 열심히 기도했고 더욱 더 열심히 공부했다. 나의 약함은 나에게 뿐만 아니라 나라에도 무한한 도움을 주었다. 육체적 열등감 때문에 나는 남보다 희망이 없었기 때문에 더욱 더 하나님 가까이 하여야 했고 나 자신의 실망은 곧 하나님의 부르심이 되었다." 결국 그녀는 여자의 몸으로서 환경과 고난 절망 좌절을 딛고 이스라엘 국가의 국무총리가 되었다.

2. 하나님은 인간에게 결점을 주어 자신을 의지하게 하여 희망을 갖게 한다

미국의 아주 작은 마을에서 월마라는 흑인 여자아이가 태어났다. 그녀는 아주 가난한 가정의 막내로 태어났다. 그녀의 어머니는 어느 날 월마가 소아마비에 걸렸음을 발견하게 되었다. 이것을 본 어머니는 앞이 캄캄했다. 그래서 어머니는 하나님께 간절히 기도했다.

"하나님, 제 몸이 부서지더라도 좋으니 이 아이만은 제발 낫게 해 주세요."

어머니의 간절한 기도와 간병과 병원치료 덕택으로 3년 만에 월마는 마침내 제 힘으로 설 수가 있었다. 그러나 그는 다른 사람들처럼 걸을 수는 없었다.

"엄마, 난 절대로 걸을 수가 없어."

"아니야, 다시 시작해봐. 넌 걸을 수 있어. 월마야, 네가 할 수 있는 일은 믿는 것밖에 없단다. 네가 뛸 수 있다고 믿는다면 하나님께서는 분명히 그렇게 해주실 거야."

어린 월마는 어머니의 말씀을 굳게 믿고 소망을 가지고 걷는 연습을 계속했다. 어머니와 월마의 이런 피 눈물 나는 끈질긴 노력으로 8살 때 절뚝거리긴 했지만 혼자서 학교에 갈 수 있는 상태까지 되었다. 고등학교 때는 소아마비를 드디어 이겨내고 학교에서 가장 빠른 육상 선수가 되었다. 그는 자신의 신체적인 약한 부분을 강하게 하기 위하여 학교에 등교 할 때마다 뛰어 달리고 집으로 귀가할 때마다 뛰며 달렸다. 그는 결국 16세 때는 이미 미국에서 우수한 청소년 최우수 육상선수의 재목으로 되어 있었다.

3. 산이 높고 계곡이 깊으면 그 만큼 오를 정상도 높으며 높은 만큼 선택이 된 사람만이 높은 정상을 오른다.

마침내 그녀는 1960년 9월, 세계 로마 올림픽 여자 단거리 경주에 출전하기에 이르렀다. 월마는 소아마비에 걸렸던 자기의 어린 시절을 회상했다. 백 미터 출발선에 서 있는 그녀의 머리 속에는 어릴 때 공원에서 어머니가 그어 놓은 흰 선을 향해 걷고 달리던 모습을 회상하며 떠올렸다. 그 당시 어머니의 목소리가 들리는 듯 했다.

"월마, 다시 뛰어 봐."

그때 총소리가 울렸다. 그녀는 오직 어머니와 흰 테이프만 보고 신들린 듯이 달렸다. 드디어 결승지점에 이르렀을 때 11초, 올림픽 신기록이었다. 뒤이어 출전한 200m 경기, 그리고 400m 경기에 승리하여 올림픽 3왕관이 결국 되었다.

월마는 세 개의 금메달을 쥐고 시상대에 올라서서 마음속으로 이렇게 외쳤다.

'하나님 감사합니다.' '어머니, 정말 고마워요.'

이렇게 하나님을 의지하고 신앙의 힘만으로 고난과 절망, 좌절을 딛고 육상계의 세계정상에 올라 올림픽 금메달 3관왕이 되었다. 하나님 그리고 어머니 감사합니다. 그는 조용히 눈물만 흘렸다.

높은 산은 반드시 오르는 사람이 있으며 희망을 잃지 않으면 반드시 성공은 희망을 가지고 노력하는 사람에게는 성공의 기회를 찾아준다.

겨울의 인생

사람은 누구에게나 노화의 가소성이 따르면서 늙는다. 사람이 늙어 만 60세가 되면 우리 나라에서는 환갑, 주갑, 갑년 또는 회갑이라고 불리워지는 회갑년(回甲年)으로 하는 전통구습을 지켜오고 있다. 한때는 40-50세가 평균 수명이라 60세만 살아도 한차례의 회생년을 무사히 살았다 하여 부모의 만수세를 위하여 자녀들이 부모의 회갑 생일년을 차려드렸다. 그러나 1961년에 이를 정부에서는 노인 복지법에 65세부터 노인으로 그 대상을 하고 있다. 또한 개발도상국에서는 사람의 평균수명이 45-50세이지만 선진국에서는 70-80세이다. 이렇게 그 나라의 사회복지시설에 따라 사람의 수명이 다르게 차이가 난다.

노인 연구전문가인 레만(Leheman)박사에 의하면 나이와 성취력의 관계에서 예술, 과학, 음악, 문학, 의학, 기술 등의 분야에서 종사한 사람들의 그 절정기는 30대였으며, 60세 이후에는 업적과 능력이 현저히 떨어졌으며 70세경에는 그 능력이 거의 멈추었다고 보고했다.

그러나 반대로 노인 정신 연령활동 연구로 유명한 돌랜드(N. Dorland)박사의 조사에 의하면 구미시대에 나타난 저명한 인사들 400여명의 활동 상황을 연구한 결과 236명의 직업 활동 연령이 69.3세였으며, 일에 대한 활동 정지 연령이 66.7세였다고 한다. 이들은 사망을 하기 전 2,3년전 까지만 하여도 왕성하게 활동을 하였다. 이들 중에는 건강하면서 지적으로 매우 우수하면서 노년의 더욱 창조적이면서 생산적인 업적을 남긴 사람도 많았다고 하였다.

이와 같이 통계수치만 보아도 사람이 겨울의 인생을 사는 고령이라고 해도 꽁꽁 얼어붙은 겨울처럼 살아서는 더욱 더 안 된다. 신록과 오색의 낙엽이 떨어져 앙상하게 가지만 남은 겨울나무 위의 흰 눈이 내려 소복하게 얹어 있는 겨울 풍경의 모습은 더욱 아름답다.

생명이 움이 돋고 잎이 피고 꽃이 아름답게 피어 풍성한 열매를 맺어 그 영근 열매를 인간과 땅에 내어주고 쓸쓸함과 허전함을 마다 않고 다시 봄의 부활을 준비키 위하여 당당하게 자신의 자리를 지키고 있는 겨울의 나무들은 겨울 인생들의 아름다운 모습이기도 하다.

생명의 존재와 죽음은 그 필요를 목적으로 한다. 그래서 방아깨비는 참 억새풀을 먹는다. 그 방아깨비는 사마귀가 잡아먹고, 이 사마귀를 개구리가 잡아먹는다. 그 개구리는 뱀에게 잡아먹힌다. 그리고 뱀은 매나 독수리에게 먹힌다. 이것을 보고 우리는 먹이 사슬이라고 한다. 참 억새풀이 없으면 방아깨비는 죽어버리게 된다. 방아깨비가 없으면 사마귀도 죽고, 사마귀가 없으면 개구리도 뱀도 결국은 사라지게 된다. 먹이 사슬이 없으므로 생존의 터가 없어지고 결국은 모두가 죽게 된다는 것이다. 어느 식물, 곤충 또는 동물이든 우연히 존재하는 것은 없다. 무엇이든 필요를 목적으로 하기 때문이다. 이는 존재의 가치나 목적에 따라서 생존하는 것이다. 만물의 영장인 사람에게도 마찬가지이다. 사람에게는 그 가치나 목적을 그 어느 것도 흉내를 낼 수가 없는 것을 가지고 있다. 그것은 하나님을 믿는 신앙이다. 그 신앙은 생명 곧 부활을 목표로 하기에 노년의 겨울 인생은 더욱더 아름답다.

1. 그네뛰기와 시소 놀이문화가 주는 부부의 권위와 섬김

　나폴레옹이 폴란드를 점령한 후에 어느 날 폴란드의 부자 영주로부터 저녁을 초대받았다.

　나폴레옹은 신하들을 거느리고 영주의 집을 찾아갔을 때 이미 주변에 많은 영주들과 귀빈들이 와 있었다.

　그 중에서 나폴레옹은 첫째가는 가장 귀중한 귀빈이었다.

　상이 차려지고 자리가 배정되어 졌는데 당대 제일가는 프랑스의 황제인 나폴레옹의 자리가 세 번째의 좌석으로 마련되어 있었다.

　그리고 맨 앞자리 두 자리는 만찬이 진행되는 동안에도 비어있었다. 프랑스의 황제인 나폴레옹이 세 번째 자리에 앉은 다음 좌석부터 손님들이 모두 앉아 만찬은 성대히 거행이 되었다.

1. 권위와 위상은 내가 나를 스스로 높일 수가 없다. 내가 남을 높여 줄 때에 곧 내가 높아진다.

　만찬이 성대히 끝난 후 나폴레옹의 신하들은 이 고을 영주에게 항의하며 물었다. "우리 나폴레옹 황제는 이 나라의 제일가는 황제이신 데 그 황제를 제일가는 자리에 모셔야 하는 데 어찌하여 영주인 그대는 우리 황제를 세 번째 자리에 모시느냐? 이런 짓은 황제를 욕되게 하는 대접이다." 그때 효행이 지극한 영주는 대답하기를 "나폴레옹 황제는 프랑스에서는 제일 높으신 분이신지 모르지만 우리 집에서는 우리 아버지, 어머니가 가장 제일 으뜸이 되시는 윗분이 되십니다. 그래서 첫째 자리, 둘째 자리는 언제나 우리 부모님의 자리였습니다."

　영주의 말을 듣고 난 나폴레옹은 마음의 진한 감동을 받고서 프랑스로 돌아온 후 전 국민들에게 그의 효행심을 널리 전하고 국민들에게 효도할 것을 호소했다고 한다.

　필자의 가정은 장손의 가문이었던 고로 어렸을 때에 제삿날이 되면 일가친척이 모여서 음식을 함께 만들어 먹고는 했다. 이때에 어머니가 부엌에서 밥을 푸실 때에 보면 항상 아버지의 밥을 밥그릇에 먼저 밥을 골라 푸시면서 "이 집안에 제일 어른은 아버지이시니라." 말씀하시면서 아버지가 가정에서의 제일 어른이심을 가르쳐 주시면서 가정의 높고 낮음의 질서를 어머니가 몸소 아버지의 권위를 먼저 높이시는 모습을 통해 보여주신 기억이 난다. 권위나 위상 그리고 존경심은 내가 내 자신을 높일 수가 없다. 누군가가 나의 상대가 되어 나를 높여 주어야 한다.

2. 함께 뛰는 쌍그네는 내가 높이 오르기 위하여 온 힘을 다하여서 내가 남을 높이 밀어 올려 주어야 한다.

　남을 높인다는 것은 마치 쌍그네 뛰기와 시소 놀이 문화와도 같다. 둘이 함께 뛰는 쌍그네는 내가 온 힘을 다하여서 상대를 밀어 올려 주어야 한다. 그러면 상대는 하늘 높이 올랐다가 푸른 하늘과 찬 공기를 가르면서 다시 지상으로 내려오는 스릴을 내가 만끽을 할 수가 있다. 내가 상대를 최대한도로 높이 올려 주어야 한다.

　내가 온힘을 다하여서 상대를 높이 올려준 만큼에 고공에서의 내려오는 힘에 의하여 내가 남을 높이 올려준 만큼의 다시 나는 높이 올라가는 것이다. 둘이 함께 힘의 조화를 이루어 상대를 내가 먼저 위하는 노력을 함으로써 나도 상대의 도움으로 나도 하늘 높이 오를 수가 있다는 것이다.

3. 시소는 내가 먼저 아래로 내려가야 상대를 높이 올려 줄 수가 있다.

　시소 놀이도 마찬가지의 원리이다. 시소 원리는 서로 높이 올려주는 놀이 문화이다. 어린이 놀이터에 나가 보면 어린이들이 시소 놀이를 재미있게 즐기기 위하여 어린이들은 시소 양쪽 끝머리에 앉아서 온 힘을 다하여서 아래에서 내려오도록 힘을 가하면 상대는 그 힘에 의하여서 하늘 높이 올라간다. 하늘 높이 올라간 시소는 하늘 높이 올라갔다가 다시 땅으로 떨어지는 힘의 원동력에 의하여 상대의 시소는 다시 높이 올라갔던 것만큼 반비례되어 다시 높이 올라가고 올라갔던 시소는 다시 땅으로 내려온다. 이 시소는 또 다시 높이 올라가는 높낮이가 반복되면서 시소 놀이를 재미있게 즐길 수 있게 된다. 상대를 높이 올려 주어야 내가 오를 수 있다는 진리는 자연의 놀이 문화의 원리 속에서 우리는 찾을 수가 있다.

높고자 하는 자는 낮아질 것이요, 낮고자 하는 자는 높아진다고 했다. 예수님이 제자들의 발을 겸손히 씻기심으로 하늘나라의 영적 권위를 세우심처럼 나보다 이웃, 나보다 낮은 자를, 나보다 하나님의 주권으로 세울 때에 나를 통한 그리스도의 섬김의 권위가 올바르게 세워질 것이다.

2. 남편은 황제처럼
여자는 황후처럼

　사랑은 어떠한 형태로든지 표현이 되어져야 한다. 종은 쳐서 울려 소리가 나야 하고 사랑은 감정의 표현이 전달이 되어져야 한다. 그 전달과 표현은 언어 또는 문자나 스킨십일 수가 있다.

1. 육체적으로의 스킨십은 정서적 육체적으로 건강한 몸과 건강한 자아를 가져다 준다.

　미국의 에즈베리 대학교에서 여러 쌍의 부부를 골라 A그룹과 B그룹으로 나눠 관찰을 했다. A그룹은 매일 10여 차례씩 쓰다듬어주고 포옹을 하도록 하고, B그룹은 일체의 신체접촉을 금지시켰다. 이러한 방법을 1년 동안 시행한 후에 두 그룹 사이의 변화를 살펴보았다. 그 결과

A그룹의 건강 상태가 B그룹보다 훨씬 좋고 평균 수명도 B그룹보다 4년이나 긴 것으로 나타났다.

또 다른 연구에서는 결혼한 커플이 정서적 육체적으로 건강을 유지하려면 매일 7차례에서 10차례 가량의 친밀한 스킨십을 가져야 하는 것으로 밝혀졌다.

쥐를 대상으로 실험을 하여 보았다. 성장기에 있는 쥐를 가져다가 한 그룹은 어미 곁에서 살을 서로가 부비며 젖을 먹고 자라도록 하고 나머지 한 그룹은 우유를 먹이며 어미와 격리시켜 놓았다. 그러자 10일이 지난 후에 새끼들의 발육상태에 현저한 차이가 드러났다. 어미 곁에서 긴밀한 접촉을 하며 자란 새끼들이 그렇지 못한 그룹보다 47퍼센트나 성장속도가 빠르게 나타났다. 이 외에도 부부간의 간단한 신체접촉이 가져올 수 있는 효과는 여러 가지가 있다.

첫째, 우선 육체적으로 건강해진다.

교회에서 목회자들이 교인들을 위해 그들의 머리에 손을 얹고 안수기도를 하는 것을 보면 이러한 사실을 쉽게 알 수 있다. 한 과학자가 조사한 결과 안수기도를 위해 그들의 머리에 손을 얹은 목회자와 그 손이 닿은 교인의 몸에 일제히 헤모글로빈 수치가 올라가는 것으로 나타났다.

헤모글로빈이란 혈액 속에 신선한 산소를 실어 온몸의 세포에 전달하는 역할을 하는 일종의 적혈구 색소로, 안수를 위한 신체접촉에서 헤모글로빈의 수치가 증가된다는 말은 곧 온몸에 신선한 산소가 더 많이 공급되어 건강이 증진되고 있다는 증거이다.

두 번째, 정서적으로 친밀해진다.

　한 여론조사에서는 부부끼리 포옹이나 키스를 자주 하는 커플들이 그렇지 않은 커플들보다 훨씬 결혼생활에 대해 만족하고 있고, 그 결과 이들의 이혼율이 신체접촉이 없는 커플의 절반 수준에 불과한 것으로 조사되었다. 그만큼 만남과 수용 그리고 스킨십이 건강한 성장을 위하여 좋다는 것이다.

2. 남편이 왕이 되면 나는 여왕이 된다.

　성경에서는 부부의 관계를 다음과 같이 은유적으로 표현되어지고 있다. 그래서 성경을 보면 그리스도가 교회의 머리가 되신 것처럼 남편도 가정의 머리가 되어야 한다고 가르치고 있다.

　유대인의 지혜서인 「탈무드」에도 아내는 남편을 왕처럼 모셔야 된다는 다음과 같은 글이 있다.

　"딸아, 네가 남편을 왕처럼 존경한다면 그는 너를 여왕처럼 우대할 것이고 네가 계집종처럼 처신한다면 남편은 너를 노예처럼 다룰 것이다. 만일 네가 너무 자존심을 내세워 그에게 봉사하기를 싫어하면 그는 힘으로 너를 하녀같이 부릴 것이다. 언제나 가정에 마음을 쓰고 그의 소지품을 귀중히 여겨라. 그렇게 하면 남편으로부터 귀여움을 받게 될 것이고 남편은 네 머리에 기꺼이 면류관을 씌워줄 것이다."

　남편을 뜻하는 한자 역시 남편이 가정의 머리가 되어야 한다고 가르치고 있다. 한자로 남편을 뜻하는 '지아비 부(夫)'라는 글자는 '하늘 천(天)' 자와 비슷하게 생겼다. 하지만 하늘 천 자보다 가운데 부분이

좀 더 높게 치솟아 있다. 이는 여자들이 남편을 하늘보다 더 높게 떠받
들어야 한다는 뜻이다. 그렇다고 아내가 남편의 발밑에서 업신여김을
당하라는 뜻은 더욱 아니다. 아무리 남편이 가정의 머리가 된다 해도
－돕는 배필 '에제르게네그' 즉 히브리어로 돕는 배필이란 용어로, 여
자는 남자를 돕는 자란 뜻이다. － 이는 남자는 여자의 도움 없이는 아
무런 역할도 할 수 없다는 의미이다.

3. 건강의 명의는
   음식, 수면, 운동이다.

　노년기를 접어들어 사람이 나이를 먹어 간다는 것은 흔히 생물학적인 퇴화만을 의미하지 않고 심리적, 사회적인 그 시대의 문화, 정치, 경제 등 여러 적응능력을 점점 잃어 가는 감퇴의 현상이 나타나는 것이다. 사람에게 누구나 한 개인의 노화 과정은 정신 연령과 생리적 연령이 개인에 따라 차이가 있을 뿐 한 개인의 신체의 각 기관 역시 노화의 시기와 속도 및 정도가 모두 각각 다르게 나타나지만 노화되며 늙어 간다는 데는 동일하다.

1.노화의 나이에 접어든 우리는 과연 노인인가?

　노인 연구전문가인 뉴가르텐(B. Neugarten)이란 사람은 노인 집단을 다음 세 단계로 분류했다.

① 연소 노인(young-old)은 55-65세로서, 이들 대부분은 일을 할 수 있으며 돈 버는 능력과 사회적 적응경험이 최고조에 달해 절정에 있는 사람들이다.

② 중 고령 노인(middle-old)은 65-75세로서, 일선에서 퇴직한 퇴직자들이 많이 포함되어 있다.

③ 고령 노인(old-old)은 75세 이상으로서, 신체적으로 약하고 병약하며 고립되고 궁핍한 계층의 주군을 이루고 있다.

우리나라는 만 60세를 '회갑년(回甲年)'으로 하는 전통 구습이 전해져 내려오고 있으며 1961년에 제정된 국가생활보호법에서 보호 노인 대상자를 65세 이상으로, 노인 복지법에서도 65세를 노인으로 규정하고 있다. 최근 생활 소득이 높아지면서 만60세 회갑년을 기준으로 노인으로 보는 견해로 부터 가정에서는 70세경의 사람을 노인이라고 생각하는 사람들, 젊은 계층인 학생들은 60-65세를 노인이라고 보는 반면, 50대 이상의 나이든 계층은 65세 이상을 노인이라고 보고 있다.

개발도상국의 평균 수명은 45-50세이지만, 선진국의 평균 수명은 75-80세이며, 앞으로 더 높아질 것으로 예상하고 있다. 따라서 연령을 기준으로 노령선을 규정하는 데는 그 사회, 그 문화에 따라 다르게 나타날 수 있을 것이다.

2. 노인이라고 사회의 활동능력이 모두 퇴화되어 가는 것이 아니다.

레만(Leheman)박사의 연구에 의하면, 나이와 성취력의 관계에서 예술, 과학, 음악, 문학, 의학, 기술 등의 분야에서 종사한 사람들의 탁월한 업적의 절정기는 30대였으며, 60세 이후에는 업적 능력이 현저히 떨어져 70세경에는 거의 멈추었다고 보고했다.

그러나 반대로 노인의 정신 활동의 정지 연령에 대한 연구로 유명한 돌 랜드(N. Dorland)의 조사에 의하면 그는 콜럼버스 시대부터 구미에 나타난 저명인사들 400명의 사회활동이 정지한 해와 사망 연령을 조사하여 통계를 냈다. 이들 중 유명한 학자에 속한 사람들 236명이 직업에서 활동한 평균 연령은 69.3세이며, 일에 대한 평균 정지 연령은 66.7세였다. 이들은 사망 전 2, 3년 전까지 왕성하게 활동하고 있었던 것이다. 이들 중 건강하고 지적으로 우수한 사람들 중에는 노년에 더욱 생산적이고 창조적인 업적을 남기는 사람들도 있었다. 이런 사례를 보아 한편으로는 노화가 퇴화를 의미하는 것만은 아니다. 마치 열매가 다음 해의 생명을 준비하기 위하여서 무르익어야 열매의 제 맛을 내어 겨울을 준비하듯 늙는다는 노화는 삶의 끝은 결코 아니다.

3. 늙으므로 인한 노화와 감퇴는 상실을 의미하는 것만은 아니다.

늙음이란 자체를 근거로 하여 노년기를 규정하는 경우도 있다. 1951년 7월 미국에서 열린 세계노년학회에서 "노인이란 인간의 노화 과정에서 나타나는 생리적, 심리적, 환경적 행동의 변화가 상호 작용하는 복합 형태의 과정이다"라고 정의를 하면서, 이를 세분하여 다음과 같이 정리했다.

① 환경 변화에 적절히 적응할 수 있는 자체 조직에서 결함을 가지

는 연령의 사람

② 생활 자체가 자신을 통합하려는 능력이 감퇴되어 가는 시기에 있
는 사람

③ 인체의 기관, 조직 기능 등에 감퇴 현상으로 노화의 시기에 있는
사람

④ 삶 자체에서 적응능력이 노화로 말미암아 정신적으로 결손 되어
가는 사람

⑤ 인체의 조직 및 기능의 소모로 적응 감퇴 상태에 있는 사람

브린(Breen)이란 사람은 이런 말을 했다 "노인이란 생리적, 육체적
으로 노화의 변화기에 있는 사람, 심리적인 면에서 개성의 기능이 감
퇴되고 있는 사람, 그리고 사회적 변화에 따라서 생활의 관계가 과거
에 속해 있는 사람이라고 정의하고 있다."

이렇게 육체적 노화에 따라서 점점 상실되어 가지만 아브라함, 야
곱, 요셉, 노아, 모세 등은 80-120세의 노화의 나이에 부족과 민족의
지도자로 역사의 한 장르를 만들어 가는 훌륭한 지도자의 절정의 나이
가 80-120세대였던 것을 우리는 기억을 하여 노년기에 접어든 삶에
좀 더 열정적이고 적극적인 노년의 자기 삶을 살아야 할 것이다.

4. 늙어 감의 노화는 인생의 한 과정이다.

　해가 바뀌어도 꽃 모습은 그대로이나 사람은 같지 못하네(歲歲年年花相 , 年年歲歲人不同)라는 옛 한문에도 사람은 나이가 들면 외모도 변하고 늙어 가는 과정의 노화의 현상으로 신체변화나 삶의 패턴이 바뀌어져 가는 것이다. 미색을 자랑하던 미모에도 주름이 쳐지고 머리는 희어지며 시각과 청각을 상실하여가는 할머니로 변하여 가면서 기력을 점점 더 잃어간다.

　사람이 잘 먹고 편안하게 산다고 해서 오래 장수하는 것은 결코 아님을 역대 왕조실록을 통하여 우리는 엿 볼 수 가 있다. 조선왕조실록에는 왕들의 평균 수명이 43세에 불과 하였다. 명당자리에다 대궐을 짓고 공기 좋은 종묘사직과 나라의 보위를 지킨다는 명분아래 임금들은 주지육림 속에 호의호식하며 살아 왔다.

1. 최고의 단약(丹藥)인 보약이 최고 장수의 선단(仙丹)약이 되지는 못한다.

조선 왕조시대의 왕들은 각종 최고의 보약을 단약(丹藥)으로 삼아 연일 각종 보약이라는 약물을 장수의 단약으로 삼아 영양식이라고 먹으며 장수를 꿈꾸어 왔다. 그러나 제왕들이 영양부족으로 수명이 짧은 것은 아니었을 것이다. 일상생활 속에 손발을 거의 사용할 필요가 없을 정도로 수하의 대신들 그리고 백관들이 임금의 명을 받들어 행하였을 것이므로 임금들이 수명이 짧을 수밖에 없는 것은 선단이 된다는 보약성의 음식을 너무나 많이 먹고 운동을 하지 않아 운동부족을 들지 않을 수가 없는 것이다. 반대로 왕조실록을 보면 태조 이성계 다음으로 왕 건 장군이 오래 장수하였고 문관나리보다 무관나리들이 더 오래 장수하였음을 볼 수가 있다.

이는 곳 보약이란 단약을 먹는 것보다 신체를 움직이고 활동하는 장수들이 전쟁터에서 이곳 저곳 뛰어다니며 활을 쏘고 칼을 휘두르면서 말달리기를 하면서 체력을 지켜온 무관들이 문관들 보다 오래 더 장수하였다는 것은 사람이 장수한다는 것은 먹는데 있는 것이 아니라 자신을 통한 몸 관리에 있다는 것이다.

우리는 미국 국립노화연구소에서 20세에서 90세까지 100명 이상으로 대상하여 매 2년마다 각종 신체들의 생리적, 병리적, 생화학적질환이란 변화를 30년간의 실험해 본 결과, 인간은 나이를 먹으면 신체가 퇴화한다는 것이다.

세포 배양에서도 성장 세포들이 50회 정도의 세포분열을 마치면 성장 세포는 그 수명을 다하게 된다. 노화현상은 일률적이지는 않지만 개인의 유전적 요인이나 질병의 상태, 생활의 패턴 등에 따라서 현 나이가 80세이지만 신체의 건강상태는 40대에 못지않게 건강한 신체적 조건을 가진 사람도 있음이 밝혀졌다. 그러므로 연령이 노화의 지표가 될 수 가 없다는 것이다.

2. 늙는다는 노화현상은 내 인생의 한 과정이다

사람이 노화의 증상으로 다음과 같은 변화들이 일어난다.

혈관의 탄력이 감소하여 혈압이 높아지고 심폐기능이 저하된다. 성장 세포들이 점점 세포분열의 수명을 다하므로 신경세포가 감소되고 신장기능이 저하되어 약해진다. 그러므로 체지방 분포가 저하되고 시력과 청력이 감소하여 근육운동 효율성이 떨어진다. 신경세포능력의 저하로 피하지방이 감소되므로 주름살이 생겨나게 되며 피부가 거칠어지고 체온보온력이 떨어진다. 이러한 단순기능이 아닌 복합기능의 기능율이 떨어지므로 우리 몸의 늙어감의 현상이 생활 속에 두드러지게 나타난다. 이러한 것은 창조주가 인간에게 주신 생명의 수명선에 대한 한 과정이다.

3. 내 인생의 수명은 내 인생의 분복을 위하여 나 자신을 위하여 다음과 같이 건강을 잘 관리하여야 한다.

첫째, 건강하고 미래적인 사고의식을 가져야 한다.

얼굴은 마음의 표현이라고 했다. 그래서 마음의 근심은 얼굴의 수심으로 나타난다. 마음의 수심이 넘치는 사람은 그의 얼굴 속에 숨겨진 그 수심을 숨길 수가 없다. 그래서 긍정적인 생각과 밝은 마음은 하루의 생활과 미래를 즐겁게 하여 준다.

둘째, 삶에 대한 자기를 위한 생활방법 개선이다.

사람들은 노화방지와 장수를 특별한 식이요법으로 갈구하고 있다. 몸에 좋다는 음식 많이만 먹으면 장수하는 줄로 착각하는 이들이 많다. 그래서 갈비 등심 등 육류로서 몸보신을 하려고 한다. 그러나 장수하는 사람들은 산중에 촌로나 바닷가에 어부가 오래 산다는 것을 기억하여야 한다. 다시 말해서 소식하며 채소 과일 생선들을 많이 먹는 것이 육류를 많이 먹는 것 보다 노화방지와 장수에 더 좋다는 것이다.

셋째, 몸을 움직이는 방법으로 운동요법으로 규칙적인 운동을 해야 한다.

음식물이 소화기계를 통과하는 데는 15시간 이상이 걸린다. 먹은 음식물이 영양물질을 만들어 내는 데는 운동 신진대사가 절대 필요하다. 이러한 신진대사를 원활하게 하는 데는 우리 몸을 움직이게 하는 운동량이 절대 필요로 한다.

우리 몸 전체를 움직이게 하는 운동은 열량을 소비시키고 단백질, 탄수화물, 지방, 무기질 등의 성인이 하루에 필요한 영양물질 약 1600칼로리를 섭취하고 그 외 필요치 않은 것은 배설물이나, 운동을 통한 땀 등을 통하여 체외로 배출한다. 먹기만 하고 영양물질을 소비치 못할 때에 우리 몸은 영양물질 소비부하에 걸려 비만증에 빠지게 된다.

5. 늙어도 몸은 건강하여야 한다.

    옛날 유명한 허준과 같은 한의사가 살고 있었다. 그 의사 역시 나이가 들어 어쩔 수 없이 노쇠하여 죽음에 이르게 되었다. 그의 임종을 보기 위하여 그의 친구들과 제자들이 찾아와서 "여보게 자네 죽으면 자네 병 누가 고쳐주는가?" 그러자 그가 말했다. "결코 걱정할 것이 없네. 자네들에게 3명의 명의를 소개 하겠네." 친구들은 그와 같은 명의가 누구이냐고 궁금하여 다그쳐서 그들의 이름을 가르쳐 주겠나 물었다. 그러자 그는 세 명의 명의의 이름을 말해주었다.

    "첫째는 음식이란 의원이고, 둘째는 수면이란 의원이고, 셋째는 운동이란 의원 일세." 그의 말은 음식과 수명 그리고 운동은 명의가 말하는 대로 잘 순종 만하면 충분히 건강을 지킬 수 있다는 것이다. 스페인 속담에는 "작열한 태양과 밤참걱정 그리고 게으름 이 세 가지는 세상의 살인범"이라고 했다. 작열하게 내리쬐는 태양은 자외선을 발생시켜 피부를 쉽게 노화시켜 아름다운 육체를 쉽게 늙게 만들어 놓는다. 그리고 밤늦게 먹는 야식인 밤참은 소화력을 둔화시키고 활성 에너지가 운동을 안 하니까 몸에 비만증이 생겨나게 되어 위궤양 고혈압 협심증 등을 발생시킨다.

모든 생물들은 에너지를 필요로 한다. 운동하고 회복하고 성장하기 위해서 에너지를 필요로 한다. 대개 식물들은 무기물에 의존하여 흙과 공기 중에서 화학물질을 추출하여 햇빛의 도움을 빌어 에너지를 만들어 낸다. 그러나 동물들은 이러한 과정을 취할 수가 없어 식품을 통하여 대부분이 얻는다. 이와 같이 영양 칼로리를 얻기 위하여 섭취된 음식물은 소화기 계통을 통하여 영양분이 섭취되고 소화기계통은 식도, 위, 소장, 대장 포함 전장이 9m이상이 된다.

음식물은 입에서 잘게 씹혀져서 타액과 섞여져서 작은 덩어리가 되어 식도를 통하여 위로 운반되어진다. 운반되어 온 음식물은 다시 작게 분해된다. 그리고 염산과 위액이 섞기고 지방은 위의 열로 녹는다. 그 다음의 음식물은 체액, 담즙, 담액 등을 통하여 음식물들이 분해되어 소장을 통하여 탄수화물, 지방, 단백질 등 혈액과 임파관을 통하여 흡수되어 버리고 나머지는 1.8m의 대장에서 수분이 흡수되고 나머지 찌꺼기는 연한 고형물인 대변이 되어 항문을 통하여 배설이 되어 버린다. 음식물이 소화기계를 통과 하는 데는 15시간, 위에는 3-5시간을 소장에는 4시간, 대장에는 음식물에 따라 5-25시간 이상 머무르기도 한다. 사람이 건강하게 살려고 하면 다음과 같은 음식, 운동, 수면을 잘 하여야 한다. 이것이 곧 명의이기 때문이다.

1. 적당량의 음식물을 섭취하여야 한다.

　과식은 건강을 반드시 해친다. 배탈이 날 음식을 너무 많이 먹는데
서 생기는 소화불량이기 때문에 마치 비도 많이 오면 홍수가 되듯이
너무 많은 음식을 먹으면 소화기능이 제 기능을 다 못하여 병을 만들
어낸다. 그래서 건강 장수하는 사람들은 모두 소식주의자들이다.

2. 자신의 체력에 맞는 적당량의 운동을 하여야 한다.

　우리가 섭취한 음식물은 활발한 운동량의 활성산소를 만나서 열량
의 에너지로 변한다. 보통시민의 운동은 전문 스포츠맨처럼 근육운동
이 아니라 맨손체조나 등산 걷기 조깅 줄넘기 등이 좋다. 마라톤이나
권투는 20대가 황금기다. 야구나 축구 농구도 30대 넘어서 40대가 되
면 벌써 현역에서는 모두 은퇴하고 만다. 격렬 운동가들은 운동으로
먹고살려고 혹사하기 때문에 대부분이 단명한다. 매일 꾸준한 가벼운
운동으로 음식물의 열량의 에너지로, 지방을 연소시키고 건강한 몸이
되도록 지구력 있는 운동을 해야 한다.

3. 수면은 우리들의 지친 몸을 회복시켜주는 운동이다.

　신비스러운 우리 몸은 음식을 먹기 위하여 소화기 계통이 일을 한
다. 생각을 하고 말을 하기 위하여 중추신경계 말초신경계 감각기관들

은 일을 한다. 이러한 일을 원활하게 하기 위하여 신경계나 내분비계나 심장들이 지원하는 일은 24시간 일을 한다. 결국은 잠자는 시간도 쉬는 시간이 아니라 우리들의 신체는 일을 한다. 이러한 기관들이 잠자는 시간을 통하여 쉬고 그 기능이 회복한다. 그래서 잠은 지친 몸을 개운하게 회복시켜준다.

　우리들의 몸은 그리스도께서 피로 값 주고 사신 몸이다. 영혼이라는 보배를 담은 연약한 질그릇이기도 하다. 성령의 전이다. 그래서 무엇보다도 건강하고 귀하고 소중하게 우리의 몸은 보존되어야 한다.

6. 불행 속에서도 행복은 꽃이 핀다.

　사람은 누구나 이 땅에 태어날 때에 행복한 환경 속에 태어나는 사람은 그리 많지 않다. 그래서 불행한 환경을 만나면 그 환경에 곧 적응하다가도 지금보다 더욱 나은 환경을 찾아 나선다. 그래서 사람은 외적 내적 유해요소를 이겨내는 강한 저항력을 이겨내는 유전자를 가지고 있다.

1. 불행 속에서도 행복은 개척되어 진다.

　독일이 낳은 세기의 천문학자이면서 과학자인 요하네스 케플러는 그의 인생이 출생부터 불행했다. 다른 사람들보다 두 달 빠르게 태어난 팔삭둥이로서 선천적으로 연약한 체질을 가지고 있었다. 체질이 약한 고로 언제나 반 병자의 생활을 해야만 했다. 그의 부모는 두 분다 정신질환자들이었다. 그럼에도 불구하고 그는 열심히 공부하여 상급학교에서 신학을 공부를 하였고 그 당시 코페르니쿠스의 지동설을 알게 될 정도로 학문에 깊어 있었다. 두 번이나 결혼을 하였지만 모두 실패하였다. 그의 눈은 근시였으므로 촛불에 눈을 너무나 가까이 대는 바람에 눈썹이 타곤 하였다. 그럼에도 불구하고 그와 같은 불확실한 시력을 가지고 유성이나 혹성에 대한 천문학 숫자 표를 발견해 냈다.

2. 불행을 극복하는 사람만이 그 행복을 열어간다.

그는 자기가 원하는 연구를 계속하였는데 산을 이룰 정도로 많은 분량의 관측 실험종이가 쌓였다. 그러나 가정은 더욱 불행해져갔다. 천연두의 전염병이 돌아 가족을 휩쓸어 그 바람에 아들까지 잃게 되었다. 그래도 그는 연구를 결코 중단하지 아니했다. 페스트 전염병이 유행해서 그는 가족과 함께 다 낡은 망토를 몸에 감싸고 피난살이를 하기도 했다. 그러면서도 천문학을 연구하는 학문에는 게으르지 아니 했으므로 결국 그는 1천벌의 정확한 도표를 완성하였다. 이것은 훗날에 바다를 안전하게 항해하는데 아주 귀중한 자료가 되었다 그는 현대의 천체 망원경이 되는 두 개의 볼록렌즈와 측량용의 교차점을 발견하였다. 그리고 수학의 중요한 기초가 되는 기초를 세워 천문학 연구의 초석을 세워 놓았다.

**3. 그의 정신고통과 가난한 삶 그리고 병약한 육체적 어려움을 기도
  로써 새로운 희망을 개척하여 나아갔다.**

  병약한 몸으로 인해 몸은 피폐하여도 하나님을 향한 기도로 하루의
희망을 이어가면서 연구를 멈추지 아니하였다. 그는 살아생전에 이렇
게 기도했다. "내가 비록 몸은 병약하여도 하나님이 나와 함께 하시니
하나님은 참으로 나의 힘이시라 그분이 내게 능력을 주시니 내가 그
분 안에서 그 분을 의지합니다."
  결국 병이 악화되어 50세에 세상을 떠났어도 그의 업적과 발견은 역
사에 길이 남고 있다. 케플러의 법칙이라 하는 유성에 관한 세 가지 법
칙을 발견한 장본인이기도 하다. 또한 예수님 탄생의 시점을 과학적으
로 산출하여 낸 세기의 과학자이기도 하다.

  그는 일기장에 다음과 같은 말을 남기었다.
  ① 세상에서 제일 행복한 사람은 항상 희망을 가지고 사는 사람이다
  ② 자족하고 사는 사람이다.
  ③ 자신이 원하는 일을 가지고 사는 삶이다.
  ④ 믿음을 가지고 사는 사람이다.
  ⑤ 물질의 세계보다도 이상과 꿈을 위하여 사는 사람이 더욱 더 행
    복하다. 결국 참 행복은 자신이 만들어 가야 한다는 것이다.

  실상 여자들은 하루 동안에 집안에서 일어났던 일들을 머릿속에 모
아 두었다가 고주 알 미주알 아이들의 일, 시장에서, 슈퍼에서 또는 이
웃에서 일어났던 일들을 남편이 집으로 퇴근하여 밥상에 앉자마자 나

머지 1천 마디를 떠들기를 시작한다. 어차피 들어야 할 말일진대 피곤하지만 인내하는 마음으로 관심 있는 체라도 하면서 귀를 기울이고 들어야 할 기술이 필요한 것이다. 여자는 인간관계 속에서 스트레스를 말로써 풀고 여자는 대화를 통하여 휴식을 취하고 그 말 속에서 여자로서의 행복을 느끼기 때문이다.

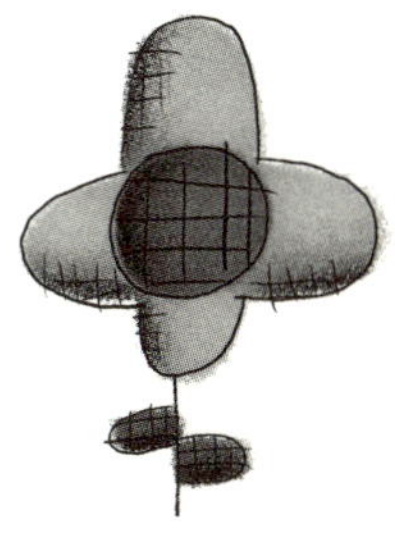

7. 생명은 부활의 목표이다.

　어느 작은 연못에 애벌레들이 모여 살고 있었다. 그런데 언제부터인가 한 마리씩 한 마리씩 없어지기 시작했다. 모든 애벌레들이 모여서 대책회의를 하였다. "우리 동료들이 자꾸 실종되어가고 있는데 그 이유를 알고 있는가?" 하고 나이 먹은 애벌레가 질문하자 모두 꿀 먹은 벙어리처럼 침통해하며 한마디도 대답하지 못하고 있는 것이었다. 그때 누군가 한 구석에서 말했다. "제가 언젠가 보니까 우리 애벌레들 중에서 이 연꽃 줄기를 타고 물 위로 올라가는 것을 보았다.

　그런데 그 연꽃 줄기 위로 올라가면 다시는 내려오지 않는 것 같다. 제가 여러 번 목격했다." 모두들 놀라서 '어째서! 왜? 물위로 올라가면 돌아오지 않지?' 모두들 몹시 궁금해 했다. 애벌레들은 그 날 그렇다면 우리들 중에 누구든지 죽음을 각오하고 연꽃 줄기를 타고 올라간 그 곳 사정을 알아서 꼭 다시 내려와서 그 이유를 설명하기로 다짐하고 헤어졌다. 얼마 후 가장 연장자인 애벌레가 동료들의 불안해하는 모습을 뒤로하고 용기를 내서 연꽃 줄기를 타고 위로 올라가 꽃잎에 앉았다. 그러자 그는 서서히 몸이 변하더니 완전히 그 모습이 다른 한 잠자리로 변해 푸른 공을 훨훨 날아다니게 되었다. 그는 친구들과 약속을 지키기 위해서 다시 연못으로 애벌레들이 자기를 알아보게 하기 위해 연못 주위를 수 없이 맴돌아 보았지만 아름다운 잠자리의 모습으로 변해버린 자신의 모습을 아무도 알아보지 못했다.

1. 물속의 유충들도 물 밖에 나오므로 하늘을 나는 아름다운 곤충으로 변한다.

곤충류에 속한 잠자리 세계에서는 애벌레인 학배기가, 어른벌레가 되어 잠자리가 되어 푸른 하늘을 날게 될 때까지 물속에서만 서식한다. 물속에만 서식하는 애벌레인 학배기는 물 밖에서 푸른 하늘을 나는 잠자리의 세계를 전혀 모른다.

이는 본능적인 감각으로만 생명을 존속시켜 나아가는 애벌레들은 알고 싶어도 알 수가 없다. 물속의 세계와 물 밖의 세계는 환경과 삶의 방법이 아주 다르기 때문이다.

고린도전서 15:51-52에서 "마지막 나팔소리가 나매 죽은 자들이 썩지 아니할 것으로 다시 살고 우리도 변하리라." 물속의 세계와 물 밖의 세계의 삶이 다르듯 믿음으로 사는 그리스도 안에서의 삶과 그리스도를 떠난 세상적 삶과는 분명히 다르다. 믿음의 세계와 믿음 밖의 세계와는 다르다. 부활의 신앙을 가지고 있는 사람과 부활의 신앙이 없는 불신앙과는 분명히 다르다. 변화에는 다음과 같은 것이 있다.

첫째, 변하므로 좋게 되는 것이 있다.

땅에 떨어진 씨앗도 흙 속에 묻히므로 생명이 움이 트고 싹이 나고 잎이 피고 꽃이 핀다. 그리고 아름다운 열매를 맺는다. 여름철이면 나무에 붙어서 아름답게 울어대는 유지 매미는 한달쯤을 살고 죽는데 그 한 달을 위하여 나무껍질이나 땅 속에서 7년이라는 세월을 기다리며 숨어 있다가 땅 위로 기어 올라와 나무줄기에 붙어 허물을 벗고 유지 매미가 된다. 진화의 과정을 통하여 변하기 때문에 유충이 매미가 되는 것이다.

둘째, 변하므로 낡고 썩고 부패하여 소멸되는 것이 있다.

고여만 있는 물에는 물고기가 서식하지 못한다. 뛰는 심장을 통하여 공급을 받은 우리 몸의 혈액도 13초 동안에 우리 몸 전체를 한 바퀴 돌면서 온 몸에 퍼져있는 혈관을 통하여 영양분을 공급하여 주며 산소를 공급하며 체내에서 생겨나는 노폐물을 실어 나른다. 그러나 멈추면 우리의 목숨은 끝이 나며 육체는 한 줌의 흙으로 소멸되어 버린다.

셋째, 생명이 죽으므로 또 다른 생명을 지켜주는 변화를 낳는다.

방아깨비는 참 억새풀을 먹는다. 그 방아깨비는 사마귀가 잡아먹고 이 사마귀를 개구리가 잡아먹는다.

그 개구리는 뱀에게 먹힌다. 그리고 뱀은 매나 독수리에게 먹힌다.

그리고 뱀은 매나 독수리에게 먹힌다. 이것을 보고 우리는 먹이 사슬이라고 한다.

참 억새풀이 없으면 방아개비는 죽어버리게 된다. 방아개비가 없으면 사마귀도 죽고 사마귀가 없으면 개구리도 뱀도 사라지게 된다. 먹이 사슬이 없어지므로 결국은 모두 죽게 된다.

2. 사람은 성령으로 거듭나므로 새롭게 변한다

어느 식물이든 곤충이든 우연히 생존하는 것은 없다. 무엇을 위하여서 필요로 하기 때문에 변화를 찾아 존재한다. 이는 존재의 가치나 목적에 따라 생존하는 것이며 미물의 세계에서의 변화는 이 땅위에서만의 생존을 위하여 변화한다. 그러나 사람에게는 더 큰 변화가 있다. 만물의 영장인 사람도 이 땅에서 변화를 갖는다. 부활의 변화는 이 땅의 미물들이 흉내를 낼 수가 없는 변화이다. 믿음을 통해 하나님을 만난 이 아름다운 변화 즉 주님이 이 땅에 재림하실 때에 홀연히 변화하리라는 변화는 영과 혼과 육을 온전히 갖은 사람에게만 있는 변화이다. 금수가 흉내를 낼 수가 없는 천지창조 속에 있는 하나님의 변화임을 우리는 기억하여야 한다.

8. 생명은 회기본능에 따라 되돌아간다

연어는 회귀본능이 있다. 연어는 원래 민물에서 태어나 자란다. 그러나 얼마쯤 자란 다음 반드시 바다로 내려가 바다에서 풍랑과 짜디짠 바닷물을 먹고 그들의 뼈가 자라고 살이 붙는다. 그들은 넓고 깊은 바다를 마음껏 휘저으며 자라난다. 3-4년을 바다에서 자라나서 산란기가 가까이 오면 반드시 본능적으로 자기의 본향인 민물 가를 생각한다. 그래서 연어 떼 들은 회귀의 본능을 따라 강기슭으로 향한다.

원래 나이아가라 폭포에서는 연어가 살지 않는다. 어느 어류학자가 어류의 상태를 연구하기 위하여 미시시피 강으로 산란하러 올라오는 연어를 잡아다가 나이아가라 위쪽에 산란하도록 했다. 그렇게 해서 연어 치어가 태어났고 그 치어들은 대서양으로 가서 자라났다. 어류학자의 관심은 대서양으로 간 그 연어 치어 들이 과연 나이아가라 폭포 쪽으로 올라오느냐 하는 것이었다. 연어의 회귀본능이 얼마 만큼인가의 관심이 있었던 것이다.

몇 년이 지난 후 그 연어들이 산란 떼가 되자 어김없이 나이아가라 폭포 밑에 나타났다. 그리고 연어들은 그 폭포위로 점프를 시작하였다. 세계에서 가장 세차고 거대한 폭포, 연어들은 그 폭포의 쏟아지는 물에 도전하고 있던 것이다.

연어들은 점프에 실패해 주둥이가 깨지고 아가미가 터지고 상처투성이로 피가 철철 나지만 포기하지 않고 있었다. 상처와 피로 물든 맘으로 사생결단에 마침내 연어는 나이아가라 폭포를 거슬러 올라갔다. 회귀의 본능을 가지고 있는 연어들은 그곳이 바로 고향이기에 목숨을 건 본능은 그 본능의 근성을 버릴 수가 없었다.

1. 사람은 형상 (Imago Die) 즉 하나님의 형상인 본능을 향한다.

인간은 창세 때의 하나님의 형상을 따라 진흙으로 빚어 만들어 졌다. 그래서 인간은 흙을 떠나 살수가 없다. 흙에서 나는 채소와 곡물을 먹고 흙을 밟고 흙에 누워 자기도 하지만 서서 다니도록 직립의 인간으로 하나님이 만드셨기 때문에 흙을 밟고 다니며 흙과 함께 산다. 결국 누구든지 흙에서 왔다가 흙으로 되돌아가게 된다.

사람의 모습도 하나님의 형상대로 만들어졌으므로 사람은 항상 하나님을 따라 산다. 하나님을 생각하며 사람이 존재하는 곳이면 문명이 깃들지 아니한 산골짝이든지 어디든지 숭배의 대상을 찾아 고목이나 바위든 숭배의 대상이 될 만한 곳에는 서낭당이나 타부나 정령을 섬겨

왔다. 그리고 여명이 일찍이 찾아든 곳에는 사찰이나 신전 또는 교회당이 있어 왔다. 그리고 교회당을 통하여 복음이 전파되어 왔고 전파된 그 복음을 가르쳐 왔다. 이러한 일들은 강요하지 아니 하였는데 하나님을 아는 사람들이 나타나서 하나님을 전하여 왔다. 그리고 인간은 회귀의 본능을 따라 항상 하나님을 향하고 찾았다.

2. 종교가 달라도 하나님을 향한 회귀본능은 누구나 다 가지고 있다.

어느 스님이 사찰에서 나와 시골 개울을 건너고 있었다. 초겨울인지라 살얼음이 얼어있었다. 스님은 개울을 돌아가기 싫어서 살얼음이 덮인 강을 건너는 것이다. 얼음이 얇아서 금방이라도 깨질 것처럼 찌지직! 소리가 나며 금이 가기 시작하니까, 관세음보살 나미아미타불 불경을 열심히 외우는 것이다. 한참 건너다가 살얼음판이 그만 찌지직 "꽝"하고 깨어지니 "아이쿠 하나님!" 하며 하나님을 찾는 것이었다. 사람은 사악한 인간이 아니면 본래의 본능은 하나님을 본능대로 누구나 찾는다. 이유는 사람에게는 누구나 영혼을 향한 회귀본능인 하나님의 형상을 지니고 살고 있기 때문이다.

우리는 인간의 본능 속에 숨겨져 있는 하나님을 찾도록 하나님께로 인도되어져야 할 것이다. 봄, 여름, 가을, 겨울이 언젠가는 다시 그 추운 겨울의 본 계절로 돌아가듯이 인간은 하나님으로부터 왔기 때문에 잃어버린 하나님을 반드시 만나도록 인간 회귀본능으로 하나님께로 다시 되 돌아간다.

9. 약(藥)보다 회복을 믿는 마음

　최근에 한 의학연구단체에서 정신 분열증 환자에 대해 주목할 만한 연구가 이루어 졌다.

　그것은 어떤 여성 집단 환자들을 다룬 것인데, 혈당치(血糖値)가 아무 이상이 없는 건강한 여성들에 대한 임상 실험을 다룬 것들이었다.

　어느 날 그녀들에게 일단 당뇨의 징후가 나타났는데 아주 그 증상이 나쁘다고 일러주었다.

　그러자 그녀들은 자기 자신들이 실재로 당뇨병에 걸려 있다고 믿기 시작하였다. 그러자 생리 기능 전체가 바꾸어지면서 혈당치가 늘어나고 당뇨병 환자와 같은 증상을 나타났다.

　그녀들은 그녀들이 믿는 믿음이 믿음대로 그 생각이 현실의 사실로 나타나고야 말았다.

1. 믿음은 마음을 다스린다.

　한 예로, 최면 상태에 있는 사람에게 얼음을 뜨거운 금속이라고 믿게 한 다음 그것을 만져 보게 한 연구가 결과가 나왔다. 그런데 이상하리 만큼, 얼음을 만진 부분이 불에 덴 자리처럼 부풀어 올랐다. 즉 중요한 것은 사실이 아니라 믿음이라는 것이다. 이 믿음이 신경 계통에 직접 전달하게 되면 보이는 것이 없어도 의문의 여지가 없이 전달되는 메시지 내용이 지령의 내용이 되어 사람의 머리인 두뇌는 그 지령에 따라 명령을 받은 일을 행하는 것이다. 그리고 두뇌는 그 지령을 마음에 담아두고 신경 계통을 통하여 온 몸을 다스리는 것이다. 마음은 믿음을 담아두는 그릇이 되기 때문이다

2. 약은 병을 다스리지만 믿음은 또한 약까지 다스린다.

　의약학에서 플라시보 효과(placebo effect : 안심시키기 위해 투약한 가상 약이 실제로 약효를 낳는 결과를 말한다)의 한 예를 들어 "어떤 약이 이만한 효과를 가졌다."고 믿게 해 놓으면, 아무 효과도 없는 밀가루를 약이라고 주어도 약과 같은 상당한 효과를 얻을 수 있는 것을 말한다.

　이 플라시보 효과에 관해서는, 위궤양 환자를 대상으로 한 흥미진진한 연구가 있었다. 이 연구에서는 환자를 두 그룹으로 나누어 제1그룹에게는 "약 효과가 있는 새로운 아주 좋은 약이라고 하고 약을 주었다. 그리고 제2그룹에게는 "시험적인 약을 투여하는데 그 효과는 거의 분

명치 않다"고 말해 두었다. 그리고 실제로 약 효과가 하나도 없는 가짜 밀가루 약을 준 결과, 제 1그룹 가운데 7 %의 환자가 궤양이 치료되었다. 그러나 제2그룹에서 증상이 호전된 환자는 겨우 4분의 1에 지나지 않았다. 실제로는 두 그룹 모두, 의학적 효과 같은 것은 전혀 없는 약물을 투여했을 뿐인데. 요컨대, 환자들의 믿음 차이가 결과적으로 이만큼의 격차를 가져온 것이다.

또한, 신체에 유해한 약물을 주었을 경우에도, 환자에게 그 약은 해가 없다고 말해 두면 병상이 악화되는 일은 거의 없다고 하는 실제로 의학계의 놀라운 연구 결과라는 것이다.

이를테면 앤드루 바일 박사의 연구에 의하면, 마약 사용자의 경우에는 자기의 생각이 거의 정확하게 증상에 나타난다는 것이다. 즉, 각성제를 진정제라고 속여서 주면 환자의 정신을 진정시킬 수가 있고, 반대로 진정제를 주고 환자를 흥분시킬 수도 있다는 것이다. 그만큼 믿음과 병은 상관관계가 크다는 것이다.

3. 사람이 늙으며 병들어도 병을 다스리기 전에 먼저 마음, 즉 자기 자아를 다스려야 한다.

앞에서 소개한 노먼 커즌스 같은 사람은, 자기의 병을 고치는 데는 신념 즉 믿음의 힘이 중요하다고 말한다.

"약만이 건강을 위한 건강의 필수품이 아니다. 오히려 항상 필요한 것은 병든 내 몸이 반드시 회복할 수 있다는 회복을 믿는 마음이다." 라는 것이다. 바일 박사는 이렇게 결론을 내리고 있다. "약의 힘은 약

그 자체에 있는 것이 아니라, 복용자의 마음에 있다."마음의 통제 능력을 상실한 사람 즉 자신의 감정을 관리치 못하는 사람은 이미 깊은 병(病)속에 빠져있는 사람이라는 것이다 그래서 자신의 마음이나 생각 등 자아관리를 잘 하는 사람이 건강 관리를 잘하며 병을 잘 다스린다. 사람이 건강하게 살려고 하면 자기 자신에 대한 제어능력을 할 줄 알아야 한다.

그래서 성경은 다음과 같이 말하고 있다 "무릇 지킬 만한 것보다 네 마음을 지키라 생명의 근원이 이에서 남이니라."(잠4:23)

10. 인생의 노화(老化)
어떻게 늙어 갈 것인가

　사람은 세월의 흐름 속에서 누구나 늙어 간다. 종족과 사람마다 늙는 모습은 모두 다르면서도 비슷하기만 하다. 얼굴의 주름이 잡히고 흰머리가 생겨나고 얼굴과 피부에 기미나 잡티가 생겨나고 근력이 떨어지며 힘이 부친다. 활력이 떨어지며 살날보다 죽음의 날이 가까이 오매 누구나 죽음을 생각하게 된다.

1. 생각과 마음을 늘 긍정적으로 편안하고 즐거운 마음을 갖도록 하여야 한다.

　육체의 노화의 가소성, 즉 본질은 그대로 있으면서 시간이 흐름의 따라 변하는 것은 누구에게나 찾아온다. 노화의 가소성 지표는 신체로

부터 나타난다. 육체의 지각능력 청각과 감각능력이 감소되면서 오감이 감소된다. 시각이 나빠지면서 안경을 쓰고 돋보기를 써야 사람이나 사물을 식별한다. 청각이 나빠져서 무슨 말을 하여도 잘 알아듣지 못해서 "무슨 말이야" 하면서 큰소리로 반복을 하여야 알아듣는다. 촉각이 둔해져서 기동성을 상실한다.

후각이나 미각이 나빠져서 식욕을 잃어버리기도 한다. 사람이 신체의 지표가 되는 오감이 점점 퇴화가 되어 가면 삶에 대한 탄력성을 잃어간다. 이 때쯤이면 이제는 내가 늙어 가는 구나를 생각하게 된다.

자기 관리 능력을 상실한 사람들은 스스로 자멸감을 매우 느끼게 된다. 사람은 삶에 대한 자멸 감을 갖게 되면 육체의 노화의 가소성에 더욱 더 가속도가 붙는다.

열심히 일하던 사람이 직장을 잃고 소일거리를 상실을 하거나 사랑하는 남편이나 아내를 잃고 나면 마치 삶을 잃어버린 것처럼 깊은 심상에 잠기거나 먼 산을 바라보면서 사람들은 쉬 늙어 간다.

2. 퇴행적으로 늙을 것인가 아니면 아름답게 늙을 것인가?

사람의 늙음에는 퇴행적인 늙음과 자연적인 늙음이 있다. 인체학에서는 자연의 과정과 수용성을 역행하는 것을 퇴행이라고 부른다. 퇴행적으로 노화하는 분들은 자신의 삶과 노화를 수용을 하지 못 할 뿐만 아니라 죽음에 대한 두려움이 있다.

타인이나 이웃을 배려하는 마음이 없고 자신의 욕구에 너무나 집착해 있다 노화로 인하여 자연스럽게 찾아온 늙음을 수용하지 못하고 자신의 자아와 몸에 대해 자학을 한다. 그러다 보면 노화의 위협과 젊음의 상실에 사로 잡혀 불평불만 속에 산다. 그 불평은 삶을 부정하고 스스로 소외 의식을 느끼면서 육체와 마음의 퇴행의 가속성을 불지르는 격이 된다.

3. 어떻게 하면 우리는 아름다운 노화의 인생길을 갈까?

겨울이 봄. 여름, 못지않게 아름다울 수 있듯이 우리의 인생의 후반 인생인 노후의 인생길도 젊을 때의 한 시절처럼 아름답게 얼마든지 살면서 삶을 보낼 수가 있다.

첫째, 취미생활이나 적당한 운동은 노화를 막는 불노(不老) 생약이다.

대개 예술을 하는 사람들이 오래 장수한다. 예술을 하는 사람들은 자신의 적성이나 자신의 즐기는 일을 하면서 늙어도 그 일을 정년없이 계속 하여 할 수 있기 때문에 똑 같은 연령의 인생을 살아도 젊게 산다. 반면에 운동선수들은 그렇게 운동으로 몸을 단련을 하여 근육이 튼튼한 몸을 가지고 있으면서 오래 살지 못하고 대개 단명을 하고야 만다.

권투선수의 프로의 년 수는 대개 20-30 대 전 후반이다. 그리고 야구선수나 농구 선수들은 30대 전후 육상 선수도 20대이다. 이들은 운동 그 자체를 위하여 선수들의 몸을 단단한 근육체질로 만든다. 그래야 남보다 빠르게 강하게 더 멀리 뛰거나 던질 수가 있기 때문이다. 사람의 몸이 세상을 살아가는 데는 필요한 근육은 이미 몸속에 육체의 움직임의 필요한 만큼 근육이 골상에 다 붙어 있다. 그렇기 때문에 일반인들은 유산소 운동정도가 가장 우리들의 필요한 운동의 양의 근육이라고 할 것이다 그래서 아름다운 인생을 준비하려면 늦어도 40대 초반부터 운동을 시작해야 한다. 60대가 되면 그때는 이미 골수의 뼈들이 굳어지고 노화 길에 접어들었기 때문에 운동을 시작을 하기엔 너무나 늦은 나이다. 운동은 규칙적으로 그리고 자신의 몸의 적당하게 맞는 운동을 하는 것이 좋다. 운동은 노화로 시들어 가는 육체에 생기를 불어 넣어주는 생약과도 같다.

둘째, 노화로 인한 육체의 감퇴는 수용하고 이를 더욱 극복하기 위하여서 보다 더 적극적인 자기 노력을 하여야 한다.

노년이 되면 누구에게나 노화의 가소성은 따른다. 그러나 자신의 노력의 여하에 따라서 노화의 속도는 늦출 수가 있다. 규칙적인 운동과 소식(小食) 습관, 올바른 생활방법에 따라서 노년이 아름답고 나이에 걸 맞는 중후한 삶을 살아가기도 한다. 성령 충만한 올바른 믿음의 삶은 정신과 육체를 건강하고 아름답게 하는 양약이 된다는 것을 기억을 하여야 할 것이다.

11. 죽음의 문턱에 선 임종의 단계

　사람은 누구나 이 땅에 태어나면 반드시 죽음이라는 과정을 거쳐 인생의 한 분복을 마친다. 태어날 때에는 형님 아우하며 순서가 있다. 그러나 죽음에는 순서가 없다. 그래서 사망의 권세를 잡은 자가 데려가면 아버지보다 아들이 먼저 가는 경우가 왕왕 있다. 그 만큼 사람들은 죽음을 두려워하고 무서워한다. 엘리자베스 큐블러로스는(Elisabeth Kubler Ross) 사람은 누구나 임종이 다가 오면 죽음의 정점을 경험한다고 했다 그래서 큐블러로스는 사람이 죽음을 준비할 때 다음과 같은 경험하는 5단계의 정서적 죽음을 경험한다고 했다.

1단계 : 부인 – "나는 그렇지 않다. 그것은 사실이 아니다!"

2단계 : 분노 – "왜 하필 나에게?"

3단계 : 흥정 – "이것을 지연시킬 수 없을까?"

죽음의 문턱에 선 임종의 단계 끝에서 사망 끝 지점까지를 의미한다. 이 때 임종 자는 위축되고 혼돈된 심리적 갈등을 보이는 반면 불안은 다소 감소되며 무감동한 양상을 보인다. 큐블러–로스(Kubler-Ross, 1981)는 말기 환자 200명을 면담을 하고 관찰한 구체적인 임종단계에 따른 이론을 다음과 같이 제시하였다.

(1) 부정(denial)

임종에 가까운 환자의 대부분이 경험하는 첫 단계로써 자신의 죽음을 사실로 받아들이려고 하지 않는다. "아니야, 나만은 아니야, 난 결코 믿을 수 없어, 나에게는 그러한 일이 일어 날 수 없어." "나 만은 아니야"라고 자신만은 아니라고 부정과 절규하며 죽음이라고 사형 선고가 내려진 자신을 부정한다.

(2) 분노(anger)

죽어 가는 자신의 모습에 살아 있는 모든 것에 대해 경멸을 하기도 하고 그 반목으로 부러워하고 자신의 처지에 분노를 느낀다. "하필이면 내가"라고 말하면서 자기 자신인 "나에게 사랑하는 사람에게 혹은 병원 직원에게 또는 신에게까지 분노를 직접적으로 마구 표출시킨다. 이 분노의 단계는 가족이나 직원들이 극복하기가 매우 어렵다. 그 이유는 분노가 수시로 바뀌고 분노하는 감정과 그 원인을 주위 환경에 전가시키기 때문이다.

(3) 타협(bargaining)

　환자가 각기 타협을 시도하는 셋째 단계는 타협이다. 불가피한 사실인데 피할 수 없는 운명인데 하며 자신의 운명과 타협점을 찾으려고 한다. 어떻게든 연기하려고 애쓰고 착실한 행동을 보이며 특별한 헌신을 하기로 맹세하기도 하며 보상을 받으려고도 노력한다. 그의 소망은 생명을 연장하는 것, 통증이나 신체적 불편없이 보냈으면 하는 것 등이다.

(4) 우울(depression)

　시간이 지나면서 환자는 회복의 가망이 없음을 인지하고 자기 병을 더 이상 부인하지 못하게 된다. 이때에 우울증이 나타나기도 하며 그 우울증 정도는 심할 수 있다. 이 단계에서 환자는 아주 조용히 있거나 울기도 하면서 별로 대화를 원하지 않기도 한다. 환자는 자기와 같이 느끼고 슬퍼하며 자기 옆에 있어 줄 사람을 필요로 한다.

(5) 수용(acceptance)

　환자가 마음의 여유가 생기거나 위의 과정을 거치면서 도움을 받았다고 생각되면 자신의 '운명'을 두고 분노하거나 우울해하지 않는 단계에 들어간다. 이는 고통이 지나가고 몸부림이 끝나 '머나먼 여정을 떠나기 전에 취하는 마지막 휴식'의 시간이다. 이때는 대개 버림받지 않았다는 확신으로 큰 위로를 받게 되며, 동시에 자신은 사랑을 받고 있으며 값있고 소중한 존재임을 인식하게 된다.

(6) 희망과 안식

　죽음학의 권위자이며, 일본 상지대학 교수인 알폰스데켄(Alfons Deeken)박사는 위에서 설명한 로스의 단계에 한 단계를 추가하며 여섯 번째 단계로 기대를 하고 희망을 갖는 단계를 제시하였다.

(7) 영원한 부활

　신앙인들에게는 일곱 번째로 영원한 안식이 있다. 이 안식이 있으므로 잠언 기자는 의인은 그 죽음에도 소망이 있느니라.(잠14:32) 했다. 죽음이라는 것은 세상의 끝이 아니라 영원한 안식의 시작이므로 결코 죽음을 절망으로 받아드릴 필요가 전혀 없는 것이다. 그러기 위해서는 우리들에게는 절대 부활의 예수를 믿는 믿음과 부활의 신앙이 절대 전제되어야 하는 것이다. 우리는 이와 같은 단계에서 환자들은 회복될 수 있다는 희망을 갖는 것이 아니라 영원한 생명, 그리고 사랑했던 사람과 사후의 세계에서 다시 만날 수 있다는 희망을 갖게 된다는 것이다. 이러한 단계들은 임종 환자들 모두에게 동일하게 겪거나 단계적인 순서를 모두가 거치는 것만은 아니지만 우리들은 죽음에도 희망을 불어 넣어주는 사도적 부활의 신앙을 믿는 절대적 신앙이 있어야 한다.

12. 늙어서도 표현되어지는 사랑이 가장 아름답다

성을 점령한 적장이 다음과 같은 포고령을 내렸다.

"이 성안에 있는 부녀자와 어린이는 각자 개인의 가장 귀중한 보물 하나씩만 가지고 오늘 12시 안으로 성문을 빠져나가라. 그리하면 살려주겠노라." 이 포고령을 들은 사람들은 각자 가장 귀중하다는 보물을 들고 이고 지고 울면서 성문을 빠져나가고 있었다. 각자 사랑하는 남편이, 아버지가, 아들이 적병의 칼에 죽을 것을 생각하니 애간장이 녹는 듯했기 때문이다.

이 때 한 여자가 아무 것도 없이 빈손으로 단지 자기 남편만을 업고 성문을 황급히 빠져나가다가 적장에게 붙들렸다.

"어디라고 사내를 데리고 감히 나아가려고 하느냐? 너 마저 죽고 싶으냐?"

적장은 옆에 차고 있던 장검을 들먹들먹하면서 호령을 하였다. 그러나 여자는 눈 하나 깜짝 않고 대들었다.

"장군께서 우리에게 약속하시지 않으셨습니까? 누구나 가장 귀중한 보물을 하나 가지고 나갈 수 있다고 하시지 않았습니까? 제가 등에 진 것은 장군에겐 하찮은 것이오나 제게는 가장 귀중한 보물입니다. 그걸 가지고 가는 게 무엇이 잘못입니까?"

1. 남편은 아내의 머리됨이니 몸의 지체중 가장 소중한 것은 머리이다.

결국은 아내에게 가장 소중한 것은 남편이라는 것이다. 하나님이 그 수많은 사람들 중에 짝을 지워 주신 남편, 아내의 머리되는 남편 지아비 되신 남편 어찌 소중하다고 아니하랴? 성경은 말씀하고 있다.

남편들도 아내 사랑하기를 제 몸같이 사랑할지니 자기 아내를 사랑하는 것은 자기를 사랑하는 것이니라. 세상을 살아가는데 무엇이 가장 소중할까? 내 몸인 아내 그리고 남편 내 자신의 삶 속에서 제일 소중한 것이다.

영국의 사상가이자 역사와 문필에 유명했던 토마스 카알라일은 실제 가정생활에 있어서는 신경질이 매우 심했다고 했다. 그래서 아내를 학대하였고, 이것을 견디어 내기 힘들었던 그의 아내는 결국 자살을 하고 말았다. 불행하게도 그의 아내는 결혼생활 내내 단 한 번도 행복을 느끼지 못했다고 한다.

부인이 아무리 생각해 보아도 남편이 자기를 사랑하지 않는 것 같았고 좋은 남편을 기대하기가 어려워 그의 삶은 날이 가면 갈수록 점점 희망을 잃어가고 있었다. 누가 보아도 토마스 카알라일은 자기 아내에게 좋지 않은 남편인 것만큼은 틀림이 없었다. 아내에 대한 감정표현은 전혀 없고 신경질적이고 혈기가 많았기 때문이다. 얼마 후 아내는 죽게 되었다. 그러나 아내가 죽은 후 토마스 카알라일은 이렇게 말했다. "아무도 내 속을 모른다. 단 5분만이라도 좋다. 아니 2분만이라도 좋다. 내 아내가 다시 살아난다면 꼭 하고 싶은 이야기가 있다. 그것은 내가 아내를 사랑하고 있었다는 사랑의 고백을 표현하고 싶었다. 그런데 아내는 내가 사랑하고 있다는 사실을 전혀 모르고 죽었다. 나는 이 말을 영원히 전할 수가 없게 되었다. 누가 이 마음을 알아줄까? 사실 나는 내 아내를 진심으로 사랑했다." 사랑은 표현되어져야 진정한 사랑이 된다.

2. 사랑은 느끼고 마음이 설레이도록 표현하고 전달되어져야 한다.

사랑은 고백되어져야 하고 사랑의 감정이 표현으로 전달되어 상대가 나의 마음을 느끼고 읽을 수 가있어야 한다. 남편을 향하여 외쳐진 메아리가 되돌아 내게로 돌아오듯이 말이다. 그래서 표현되어지지 않으며 느끼지 못하는 사랑은 사랑이 아니다. 진정한 사랑은 어떠한 형태이든지 상대방의 마음과 감정의 느낌과 반응을 준다.

3. 표현되어지는 사랑이 가장 아름답다.

어떤 부인이 손님을 집에 모시게 되었다. 그래서 남모르게 근심을 해야 했다. 자기 혼자서 집안 청소며 음식 준비이며 감당할 자신이 없었다. 그래서 출근하는 남편에게 부탁을 했다. "여보, 당신이 조금만 일찍 퇴근해서 도와주면 참 좋을 터인데요." 그러자 남편은 퉁명스럽게 대답을 한다. 나는 오늘 하늘이 두 쪽이 나도 안 돼! 그런 일은 절대 있을 수가 없어."

만약 이때 화가 난 아내가 남편의 뒤통수에 대고 "내가 누구 때문에 이런 일을 하는데! 나도 이 일 그만 둘 터이니 당신 마음대로 해요?" 라고 했다면 이 부부는 서로의 마음이 상하여 부부싸움을 하게 되었을 것이다. 그러나 슬기로운 이 아내는 남편의 뒤에 대고 이렇게 속삭였다.

"하늘이 두 쪽이 나도 당신이 좀 더 일찍이 퇴근해 도와줄 수만 있다면 얼마나 좋을까요?" 남편은 아무런 일이 없다는 듯 출근을 하여 일을 하는데 자꾸 아내의 말이 생각이 났다. '하늘이 두 쪽이 나도 당신이 좀 더 일찍이 퇴근해 도와 줄 수가 있다면 얼마나 좋을까요?' 생각을 하여보니 남편 자신을 위하여 손님을 맞을 채비를 하는데 아내에게 미안하다는 생각이 들어 좀처럼 일과 시간에 일이 손에 잡히지 않았다. 결국은 남편은 직장에서 조퇴를 하고 일찍이 돌아 왔고 함께 아내를 도우며 손님 맞을 준비를 잘 했다고 한다.

아름다운 표현은 떠난 남편의 마음도 내 마음에 안을 수가 있다. 그리고 바쁜 남편의 발걸음도 내 곁에 머물게 할 수가 있다. 어떤 자연주의 학자는 자연의 생물들은 자신의 생명을 위하여서 표현하는 방법이 천만 가지라고 했다. 사람도 그 표현의 방법은 일천가지라고 했다. 표현은 표현이 되어 질 때 아름답고 고귀하며 사랑은 마음속에만 담아두는 것이 아니라 세월의 흐름 속에 비록 몸은 늙어도 '내가 당신을 사랑한다' 는 표현으로 전달이 되어 질 때 그 사랑이 가장 아름답다.

인생(人生)의 사계(四季)
봄(春) 여름(夏) 가을(秋) 그리고 겨울(冬)

초판 1쇄 2008년 10월 23일

지은이 | 김계봉
펴낸이 | 채주희
펴낸곳 | 해피&북스
출판등록 | 제10-1562호
주소 | 서울시 마포구 망원동 379-41
출판등록 | 제10-1562호(1985.10.29)
전화 | Tel. 02-323-4060, 02-322-4477
팩스 | Tel. 02-323-6416, 080-088-7004
이메일 | elman1985@hanmail.net

ISBN 978-89-961674-2-6
값 15,000원